ANIMAL(E)

MURIEL BEC
avec
VIRGINIE JOUANNET

ANIMAL(E)

KERO

KERO
une marque
CALMANN LÉVY

COUVERTURE
Maquette : olo.éditions
Photographie : Jean-Louis Fel

ILLUSTRATIONS INTÉRIEURES
Mouton : © Larry-Rains / Shutterstock
Renard : © Gallinago-media / Shutterstock
Cerf : © Olzas / Shutterstock
Chien : © Christos Georghiou / Shutterstock
Vache : © Zhenyakot / Shutterstock
Chevreuil : © OnD / Shutterstock
Sanglier : © George Artzgeo / Shutterstock
Loup : © Tcheres / Shutterstock
Chat : © Olzas / Shutterstock
Eléphant : © Zhenyakot / Shutterstock

ISBN 978-2-3665-8512-4

« Tu es responsable pour toujours de ce que tu as apprivoisé. »

Antoine DE SAINT-EXUPÉRY

« Nous ne voyons jamais les choses telles qu'elles sont, nous les voyons telles que nous sommes. »

Anaïs NIN

« Si nous éliminons le sauvage, alors nous tuons une partie de nos âmes. »

Jane GOODALL

Prologue

Une légende amérindienne raconte ceci : après une terrible dispute avec son frère ennemi, un garçon va quémander justice auprès de son grand-père. Le vieux chaman l'écoute patiemment ; or, au lieu de prendre parti ou de le consoler, il reste un long moment silencieux, le regard perdu sur la ligne crénelée des montagnes. Quand il se décide à parler, ses paroles semblent remonter du lit de la rivière, fraîches et rugueuses à la fois :

« Autrefois, il m'est arrivé moi aussi de me mettre en colère contre celui qui m'avait blessé. La rage me tenaillait nuit et jour, et mon sommeil en était gâché tant je voulais le voir souffrir et reconnaître ses torts. Une lune est passée ainsi. Un soir, alors que je méditais dans la hutte de sudation, la vérité s'est mêlée aux volutes de fumée, si bien que j'ai failli ne pas la voir ; je m'épuisais à détester ce rival tandis qu'il ignorait ce qui se passait en moi. Ce poison de haine qui me rongeait les sangs ne l'atteignait pas. C'était si simple que j'en ai ri à ébranler l'empilement des fagots. Et la révélation a pris force de vision : chaque homme porte en lui deux loups qui luttent à mort. Le premier loup est bon et vit en harmonie avec le monde. Il est la joie, le partage, la paix, l'amour et l'espoir. Le second est mauvais, fou et plein d'orgueil. Il est la peur, la rage, la frustration, la jalousie, il ne connaît ni la pitié ni l'apaisement, et pourtant sa furie ne change rien au monde ou si peu qu'un seul vent chinook suffirait à la balayer… »

Ayant oublié sa rancœur, l'enfant interroge :

« Alors, qui gagne du bon ou du mauvais, grand-père ? »

Le vieil homme répond avec un sourire :

« Le loup que je nourris. »

Les animaux sont essentiels aux mythes fondateurs. Ils hantent nos légendes, ornent la roche des cavernes ou tracent des figures en pierre sur le sol des déserts, ils inspirent le rêve des chamans et dessinent des chemins au ciel, les constellations, qui portent leurs noms : Aigle, Baleine, Bouvier, Caméléon, Chien, Colombe, Corbeau, Cygne, Dauphin, Daurade, Dragon, Ourses, Girafe, Grue, Lézard, Licorne, Lièvre, Lion, Loup, Lynx, Mouche, Oiseaux de Paradis, Paon, Chevaux, Renard, Phoenix, Poissons, Scorpion, Serpent, Taureau et Toucan…

Longtemps, ils ont été nos esprits totems, avant que l'homme ne préfère invoquer des dieux faits à son image. Dans ce panthéon peuplé de géants fous, de saints martyrs et de héros, nos frères animaux ont perdu leur force de symbole, hormis quelques colombes de paix ou un serpent sournois, à croire que nous avons oublié les sagesses ancestrales... Comme s'il fallait opposer l'ange et la bête !

L'animal est le lien le plus court qui unit l'homme à la nature, un lien vital à l'équilibre du monde. On peut aimer sa compagnie, travailler avec lui, l'élever pour son lait ou sa viande, pourvu qu'on le regarde d'abord pour ce qu'il est, unique, vivant, un être doué de sensibilité qui mérite le respect.

Sauvage ou non, l'animal parle aussi de nous et de notre rapport à la Terre. Il dit que le monde est un tout et que nous sommes alliés. À le regarder vivre ou s'éteindre, on peut imaginer l'avenir.

C'est facile, le dressage ?

Aujourd'hui encore, quand on me demande d'expliquer ma méthode pour dresser un cerf ou un grand fauve, je ressens toujours une sorte d'embarras. Explique-t-on une façon de respirer, de regarder ? Y a-t-il un processus qui ouvre à l'intuition ? Peut-être qu'une phrase suffirait, après tout, quelques mots remontés des contes que ma mère me lisait le soir : il était une fois, une petite fille dans un bois… L'animal est mon autre sauvage, il est aussi ma part belle d'enfance.

Si je ferme les yeux, aussi loin que ma mémoire remonte, j'ai des images de becs et de plumes gluantes, des boules de poils aux yeux aveugles que je voulais passionnément sauver. Gamine, n'importe quelle bestiole en danger faisait mon affaire. Je ramenais à la maison des piafs tombés du nid, des lapereaux aveugles ou un caneton perdu et je leur prodiguais les premiers soins avec une patience obstinée.

Nous vivions en lisière de forêt, non loin d'un lycée agricole où mon père était prof d'histoire et de géographie. Ma mère enseignait la même matière au collège du coin. Ce petit bois du Gâtinais était mon terrain de jeu. Par chance, mes parents me laissaient libre d'aller à ma guise. À couvert des arbres, tout se trouvait décuplé, magique : une ravine devenait un gouffre, un gros talus une colline, un sous-bois se transformait en jungle, un ruisseau en une rivière sinueuse et changeante et un renfoncement en grotte. Depuis ces recoins secrets, j'épiais mon royaume et les créatures qui le peuplaient. D'emblée, j'ai été fascinée par le mystère de la faune sauvage, ce mélange de liberté et d'adaptation parfaite à l'environnement. Je surveillais les orbes des rapaces, le passage furtif d'un lièvre ou l'incessant va-et-vient des fourmis, capables de porter une montagne sur le dos ou d'affronter en rangs serrés un ennemi gigantesque. Leur incroyable organisation sociale me fascinait ! J'avais six ou sept ans, à peine, et je ne me lassais pas d'observer cette vie pullulante, je la trouvais bien moins chaotique que le monde des adultes.

À la maison, avec ma sœur aînée et mon frère encore bébé, on subissait les colères de mon père. Ses tendances dépressives tournaient le plus souvent en plaintes récurrentes qui finissaient en explosions de cris. Ce n'était pas un homme facile, et il avait la main plutôt leste. J'avais beau quêter son attention, je me suis vite rebellée, quitte à gagner une réputation d'insoumise : je coupais les lanières du martinet dont il nous menaçait ou je déguerpissais aux premiers signes d'emportement, ce qui avait le don de l'irriter encore plus. S'il me coinçait avant que j'aie eu l'occasion de filer, je braillais comme un cochon qu'on égorge dès qu'il faisait mine de lever la main. La plupart du temps, j'en étais quitte pour une bonne engueulade ou une gifle.

Face à ces humeurs noires ma mère temporisait, volontairement optimiste. Je crois qu'elle espérait compenser ce tempérament par une inaltérable gentillesse.

Mes parents n'étaient pas vraiment « animaux de compagnie ». Il y avait bien Chouki, le chien de chasse, mais il couchait au garage, on avait interdiction de le chouchouter pour ne pas le « gâcher », si bien que, haute comme trois pommes déjà, j'avais pris l'habitude de lui rendre des visites clandestines ou bien j'attendais le départ de mon père pour le faire rentrer à la maison. À douze ans, à force de supplications répétées j'ai eu mon propre chien, Oban. Je lui enseignai un tas de tours, porter des objets, faire le mort et refermer les portes derrière lui, rester à l'arrêt et sauter à mon signal. Il adorait ça et se pliait à mes quatre volontés, pâmé de joie. C'est avec Oban que j'ai découvert que le chien possède les vertus de l'homme sans aucun de ses vices : la force sans l'insolence, le courage sans la férocité, la beauté sans la vanité. Il n'a qu'un seul défaut : il croit en l'homme. On

« s'apprenait » l'un l'autre et cela me paraissait aussi naturel que de jouer avec mon petit frère. Une évidence, déjà.

En grandissant, je restais une vraie sauvageonne. L'école ne posait pas de problème, surtout avec des parents enseignants – et ils étaient admirables dans leur discipline, ma mère surtout, amoureuse d'art et formidable « passeuse ». J'étais donc bonne élève, sauf en arithmétique, mais ce qui m'intéressait vraiment c'était de crapahuter à l'air libre, de fabriquer des arcs et d'observer le spectacle changeant de la nature, ou de partir à l'aventure avec mon petit frère, sur nos bécanes tout-terrain. Aussitôt que j'ai été en âge de manier le marteau – emprunté en cachette –, j'ai bâti une cabane perchée dans « mon » bois, juste derrière la colline au renard. Ce serait mon refuge et ma forteresse… J'avais même fabriqué des gouttières pour avoir de l'eau potable en réserve. À l'abri, je dévorais les BD de *Rahan*, *Pif Gadget*, des livres d'aventures. Les histoires de survie me passionnaient : cueillir, chasser, piéger, se fondre dans l'environnement. En cas de besoin, je saurais me débrouiller, pareille à Robinson.

Un enfant ne se pose pas la question des limites, il va à l'aventure, poussé par l'émerveillement. Pour moi, la nature était une présence magique et bienveillante. Je grimpais aux arbres avec l'agilité d'un singe, curieuse d'approcher les nids juchés à la fourche des plus hautes branches. Je n'avais aucune appréhension, ni du vent qui secouait les frondaisons, ni de l'orage ou de la nuit tombante, ni du brusque jaillissement d'un perdreau.

À force de recueillir toutes sortes de bestioles, je suis devenue plutôt habile dans les soins à donner. Quelquefois même, faute d'avoir un orphelin à soigner, je filais à la ferme voisine réclamer un caneton ou un poussin que je ferais mine d'avoir ramassé dans un fossé ! J'imagine que ma mère n'était pas dupe mais elle cédait toujours, résignée à me voir rapporter une flopée de rescapés à poils et à plumes… Du moment que je m'en occupais, elle n'avait pas le cœur d'interdire mes pratiques de vétérinaire en herbe. Il faut dire que grâce à mes observations et un sens pratique déjà développé, je parvenais à les nourrir sans en perdre un seul ! Je confectionnais des bouillies en broyant des graines mélangées à un peu d'eau, et pour les bestioles qui boudaient mes mixtures – je me souviens d'une nichée d'hirondelles affamées –, j'allais jusqu'à attraper des insectes, mouches, abeilles et moustiques… Après quelques jours ou quelques semaines, une fois mes protégés capables de s'affranchir de mes attentions de mère poule, venait le moment de les relâcher. J'étais toujours troublée de les voir prendre le large. Leur liberté était un peu la mienne et, en leur rendant le monde sauvage, j'éprouvais un étrange réconfort, une forme d'équilibre qui manquait tellement chez moi… Quant aux poulets, canards ou bêtes domestiques, je les plaçais chez des voisins, mais uniquement ceux qui promettaient de ne pas les manger, sinon je m'arrangeais pour les garder au jardin le temps de leur trouver une famille d'accueil plus adaptée.

Un jour, j'ai recueilli une petite corneille. Cet oisillon-là, je n'avais pas eu besoin de le chercher, il glapissait de détresse au pied d'un arbre, à demi mort de froid. Une fois remis sur pattes, nourri et remplumé, Corneille a commencé à me suivre partout, comme il l'aurait fait avec sa mère emplumée. Dans le village, on a pris l'habitude de me voir avec l'oiseau qui me suivait en volant au-dessus de mon vélo ou bien campé sur mon épaule, sans crainte ni gêne, aussi domestiqué qu'un chien de compagnie. Comme nous « bavardions » beaucoup ensemble, il a appris à moduler des sons peu habituels pour son espèce, ce qui devait rendre notre duo encore plus remarquable. Ma mère était la seule à rouspéter. Elle trouvait mon orphelin dénué de grâce, bruyant, et sa manie de dérober des trésors, à l'instar de sa cousine la pie, le lui rendait carrément insupportable. Du moment que ça brillait et que c'était transportable, tout était bon, cuillères, fourchettes, dés à coudre, bagues ou bracelets, il fallait sans cesse veiller au grain et ce sans-gêne la rendait folle !

Au bout d'une année – bien plus qu'en temps ordinaire, chez les corvidés –, mon beau Corneille a pris son indépendance et a fini par s'envoler vers les bois. Je l'ai revu par la suite, flanqué de sa moitié aussi noire que la suie, identifiable à ses cris singuliers, à sa façon de tournoyer au-dessus de ma tête. Il m'avait reconnue et me saluait, moi, sa petite mère humaine…

Quand je ne faisais pas les quatre cents coups dans les bois, je traînais pas mal au lycée agricole tout proche. Là-bas, au sein de la ferme pédagogique, on croisait des moutons, des poules, des vaches, et surtout des chevaux. J'adorais creuser des labyrinthes dans les bottes de foin remisées pour l'hiver, j'y emmenais mon petit frère en exploration. Le jeu consistait à progresser dans les tunnels de paille sans se faire surprendre !

Lassé de mes bêtises ou contrarié que je lui tienne tête, il arrivait que mon père m'enferme à la cave. Sans doute espérait-il me mater en m'infligeant une leçon radicale ; or, c'était peine perdue, j'enrageais au lieu de trembler. De quoi aurais-je eu peur ? Du gros tas de charbon pour la chaudière, des étagères pleines de bocaux ou du fatras des cartons empilés ? Le noir des ténèbres n'était jamais assez profond pour me paralyser, et puis je venais d'apprendre une méthode imparable d'évasion dans *Pif Gadget* : il suffisait de récupérer la clef après l'avoir délogée du verrou en la faisant tomber sur un bout de papier. Le tour ne me servit pas longtemps, car mon père découvrit l'entourloupe, mais il me restait toujours le soupirail par lequel m'extirper au prix de quelques écorchures. Une fois libre, je courais me réfugier dans le bois, consciente que ma mère s'arrangerait pour couvrir mon absence.

Au fil des années, le lien avec les bêtes m'est devenu aussi naturel que de respirer. Pourquoi aurais-je douté ou tremblé de mal faire ? Bien sûr, j'étais l'enfant de mes parents, un peu rebelle, gaie et maligne, mais j'étais surtout fille de la forêt où j'aimais tant me perdre. La nature me consolait de tout.

Les années ont passé, bientôt quarante ans, mais l'empreinte que la forêt a laissée s'est prolongée dans ma vie d'adulte. À chaque printemps, cela me revient, l'élan qui me pousse à chercher une bête à sauver, la tentation de grimper aux arbres pour recueillir un oisillon. Cette effervescence ne m'a jamais quittée. Ma mémoire est faite d'odeurs et d'images, le frôlement du vent et la sensation de mes pas foulant la mousse d'un sous-bois, les trilles des bergeronnettes et ce réconfort puissant à me tenir sous un abri de planches à écouter battre la pluie. Ma mémoire se confond avec un savoir intuitif de l'animal, une familiarité qui ne s'est jamais démentie et qui se ravive à chaque nouvelle rencontre, rat, blaireau, sanglier ou puma, la frontière des espèces s'estompe dans notre face-à-face…

Hip-Hop

Genre : Laie
Naissance : Février 2012

La petite femelle marcassin a été trouvée après la mort de sa mère lors d'une partie de chasse. Je l'ai adoptée et élevée à la maison. Elle remue si comiquement qu'on ne tarde pas à la surnommer « Hip-Hop ». Ce sera son nom de scène ! Difficile de résister à son tempérament malicieux. Dans la vie comme sur les planches, Hip-Hop se montre confiante, loyale et toujours partante quand il s'agit de traîner sur un plateau. Véritable gravure de mode, la laie dispose ses oreilles en chou et prend la pose avec délice.
Hip-Hop a commencé sa vie d'actrice sur le tournage de Belle et Sébastien *de Nicolas Vanier en 2012. Depuis, elle a acquis toutes les ficelles du métier et son intuition du jeu en fait l'une des meilleures parmi mes bêtes de scène. Elle marche en laisse et monte dans une voiture avec aisance. Elle sait aller à sa marque, stopper, sauter ou bouger à la demande.*

Animal(e)

Les sangliers sont des animaux très intelligents, très propres – contrairement à ce que prétend la rumeur – et s'ils sont élevés en animal domestique ils se comportent comme tels, pareils au chien fidèle.
Hip-Hop adore le cake aux fruits. Dans l'équipe nous aimons à dire que c'est à cause de sa gourmandise qu'elle a appris l'espagnol sur le tournage du Manoir *; dans ce film parodique d'horreur, le sanglier prévient un des personnages du danger qui menace dans la langue de Cervantes. Pour simuler la parole, j'avais enduit sa friandise préférée de beurre de cacahuète, afin d'exagérer la mastication et de la rendre polyglotte !*
Quand elle ne tourne pas, la belle raffole de l'attention et use de son charme pour s'attirer celle des visiteurs. C'est une « parleuse » qui répond aux sollicitations avec empressement.
Elle vit en compagnie de Georges et Adrienne, deux autres sangliers, tout aussi gentils.

CV

Belle et Sébastien 1 et 2, de Nicolas Vanier, 2013 et 2015
Le Manoir, de Tony Datis, 2016
Les Premiers, les Derniers, de Bouli Lanners, 2016
Abdel et la comtesse, d'Isabelle Doval, 2018
Polly, de Nicolas Vanier, 2020
Roû, de Guillaume Maidatchevsky, 2021
La Petite Bande, de Pierre Salvadori, 2020

Une arche de campagne

En 2014, j'ai emménagé dans mon nouveau domaine à Sury-aux-Bois.

Sury, c'est une maison entièrement retapée et agrandie, cernée par vingt hectares de terrain où s'échelonnent les enclos flanqués de leurs « dortoirs », des dépendances qui abritent un plateau à fond bleu destiné aux tournages, des couloirs de circulation pour les plus farouches de nos animaux, les boxes des chevaux, un manège, des prés clôturés et un petit bois où les bêtes peuvent s'ébattre à leur guise.

Depuis peu, j'y ai ajouté des lodges pour recevoir des hôtes en immersion au milieu des loups.

Je ne m'illusionne pas sur le compromis nécessaire ; mes pensionnaires sont soit nés chez des éleveurs soit issus de sauvetages et la captivité est leur environnement naturel. Cela ne veut pas dire qu'ils vont se satisfaire de vivoter dans un espace restreint, mais il serait illusoire de prétendre les rendre à leur condition d'origine.

Lâchés dans la nature, la plupart d'entre eux ne survivraient pas longtemps. À Sury, j'essaie de préserver l'essentiel ; quand un nouvel animal intègre le domaine, après une période d'adaptation, on fait en sorte de positiver la présence humaine. La perte de liberté est compensée par le bien-être et l'apprentissage. Il n'y a pas d'obligation – et surtout pas d'agression ! –, seulement des incitations et une bonne dose de complicité. Les animaux ont parfaitement compris qu'ils sont en sécurité, et quand ils sortent, chaperonnés par un soigneur, leur empressement à aller « travailler » fait plaisir à voir.

Je ne prétends pas contrebalancer les abattoirs de masse ou l'extinction des espèces, mais je m'efforce d'établir une relation respectueuse avec eux. Ici on traite avec le vivant, et cela implique un engagement absolu.

Le travail d'animalier fait partie de ces métiers à vocation ; on ne compte ni ses heures ni son énergie. Il ne suffit pas seulement d'être bon ou efficace, mais de chercher l'équilibre juste pour tisser un lien avec chaque « individu » pris dans sa singularité.

Pour ça, j'ai imaginé l'espace en fonction de leurs besoins. La position des enclos n'est pas anodine. Elle a été pensée de telle sorte que les animaux soient stimulés par la tournée des soigneurs, les visites du vétérinaire, l'arrivée des fournisseurs, les visiteurs venus en immersion, les amis, les parents…

Cela peut paraître paradoxal dans un lieu où tout est fait pour préserver la tranquillité des occupants, mais ces apparitions sont une distraction dans la routine rassurante qui cadence leur journée. À l'abri, ils s'habituent très bien au va-et-vient. Ils voient défiler Lisa, Marine, Antoine ou Cédric, des pelles mécaniques, des bêtes étranges aux odeurs singulières, un groupe de visiteurs ou le nouveau stagiaire. Qui regarde l'autre, l'homme ou l'animal ? Parfois il y a vraiment de quoi s'interroger !

Certains enclos de vie donnent sur un espace de détente commun de trois hectares, utilisé alternativement. L'idée est de favoriser l'interaction entre certaines espèces compatibles comme le cerf, les biches, les daims et les sangliers, encore et toujours, avec le souci du « mélange heureux ». En alternance, les différentes familles de loups profitent également de ce grand terrain de jeu de façon à stimuler leur part sauvage.

Cela peut ressembler à un leitmotiv, mais je tiens à ce mouvement, la routine rompue par les soins, le nourrissage, les visites, les récréations ou l'entraînement.

Le plus simple aurait été de bâtir de vastes enclos en réduisant le personnel et de laisser « faire la nature » – une nature quand même assez relative, dans la mesure où les animaux vivent en captivité –, mais quel intérêt d'avoir des zones exclusives, faciles à gérer, avec un minimum d'interventions extérieures, à part se simplifier la vie ? Ce n'est pas pour ça que j'ai voulu faire ce métier.

Construire Sury m'a pris des années d'expérience, des milliers de rencontres, des hasards, quelques mésaventures et ce rêve « impossible » d'inventer une nouvelle structure qui ne serait ni un zoo, ni un enclos pour des animaux acteurs. Je voulais aussi partager mes émerveillements. J'ai la conviction que tant que nous renions notre part animale, nous nous coupons de notre force vitale et nous perdons un accès au monde.

Le domaine ressemble à une arche un peu saugrenue qui brasse allégrement les genres, les phéromones et la sueur, les gazouillis et les rugissements, les espèces sauvages et celles domestiquées, les acteurs et quelques rescapés farouches. Le loup côtoie les biches, l'écureuil vit à trente mètres des panthères, la vache partage le champ du dromadaire, le mouton est le meilleur ami du lama, et tout ce petit monde s'accommode à merveille.

L'animal est le miroir du sauvage en soi. Il enseigne sur notre part instinctive et sur notre rapport au monde, à la nature et au temps. Cela, je l'ai senti avant même de le comprendre, je n'avais pas encore quinze ans. L'homme construit sa vie en appréhendant la mort, alors que l'animal la construit autour de la vie, dans l'instant même.

On a beaucoup plus à apprendre d'eux que l'inverse. Pour peu que l'on prête l'oreille et que l'on ouvre son regard, cette part primitive se révèle. Or, elle n'a jamais été aussi nécessaire en ce début de XXIe siècle où la nature vient nous rappeler sa toute-puissance

Un Nobel fastoche

Je devais avoir quatorze ans quand on m'a offert *Les Fondements de l'éthologie*, de Konrad Lorenz. En découvrant ses expériences d'empreinte avec les oies, je me suis sentie indignée, presque lésée ! Ce type était reconnu dans le monde entier parce qu'il avait démontré qu'en élevant des oisons dès leur sortie de l'œuf, il devenait leur parent de substitution et pour ça on en avait fait un pionnier de l'éthologie ! Cela me paraissait dingue. J'avais moi aussi « imprégné » une couvée de canetons quelques années auparavant et je voyais mal en quoi c'était tellement révolutionnaire…

J'avais à peu près sept ans, à l'époque. Ce jour-là, au printemps, je remontais le long de la rivière du petit bois, la tête tournée par l'odeur d'humus. J'écoutais la stridulation des insectes et les trilles des alouettes, comme tombées du ciel, quand un clappement d'ailes m'a tirée de ma rêverie. Une cane colvert s'agitait dans le lit de la rivière, visiblement surexcitée. Je n'ai pas tout de suite compris ce qui l'agitait. Est-ce qu'elle était blessée ? J'ai décidé de la suivre pendant qu'elle pagayait à toute allure vers l'aval, lancée dans le courant.

Je ne sais plus trop combien de temps je l'ai poursuivie avant de comprendre le tour qu'elle était en train de me jouer ; il y avait sûrement un nid quelque part, la cane cherchait simplement à m'entraîner loin de lui. Dévorée par la curiosité, je suis revenue sur mes pas et j'ai fouillé les buissons autour de la berge.

Le nid était bien là, posé au milieu d'un fouillis d'herbes et de feuilles. Il contenait une poignée d'oisillons gluants qui gisaient au milieu des bris de coquille, tout juste éclos.

J'ai attendu, planquée dans un fourré, que la mère revienne. J'ignorais combien d'heures les petits déplumés pourraient supporter l'absence de chaleur, j'ai certainement dû me convaincre que je ne pouvais pas les laisser dépérir, et comme la cane restait invisible, j'ai fini par les emporter à la maison. Consciente que je devais les veiller comme l'aurait fait leur mère, j'ai passé tout mon temps libre avec eux, à leur parler, à les nourrir et à les caresser ; ils baignaient dans mon odeur, me grimpaient dessus dès qu'ils pouvaient et s'endormaient blottis contre ma peau. Ce qu'on nomme l'imprégnation, c'est-à-dire l'attachement du petit à son parent nourricier, s'est produit naturellement. Bientôt j'ai eu à mes trousses des petites boules de duvet empressées, caquetant et pédalant de toutes leurs forces de peur de me perdre.

Après Corneille, voilà que les voisins me voyaient passer, flanquée de ma couvée.

Bien sûr, une fois devenus adultes, mes « enfants » à plumes ont fini par retourner à la rivière et à leur vie de canard. J'avais la mienne à vivre, et je pouvais laisser aller mes protégés sans regret…

Je n'ai jamais terminé le livre de Lorenz.

Il faisait un peu l'effet d'une offense à l'ado farouche que j'étais. Agacée par son prix Nobel, je me suis dit que c'était beaucoup de bruit pour une chose bien facile. Après tout, je pratiquais l'imprégnation depuis toujours ou presque – la moitié de ma vie ! – et je n'avais aucun besoin qu'on me l'explique à coups de théorie. Je me moquais de savoir si mes manières étaient conformes, je me contentais de faire les choses comme je les sentais.

Cela n'a guère changé depuis.

Les années passant, je suis restée une parfaite autodidacte. Mon enfance de sauvageonne et la mort soudaine de mes parents n'ont fait que renforcer ma détermination à tracer ma route. Il fallait vivre vite, engranger le maximum d'expériences et repousser les limites… Je ne suis jamais devenue une grande lectrice d'éthologie, même si aujourd'hui c'est par manque de temps plus que par manque d'envie. Il m'arrive d'acheter une pile de bouquins spécialisés, que je laisse traîner dans ma bibliothèque. Je me persuade que je finirai par trouver un moment, une période calme ou une soirée au coin du feu, mais cela reste un vœu pieux, comme ces promesses que l'on se fait au Nouvel An : changer de rythme ou arrêter de fumer.

Au fond, peut-être aussi que je renâcle à dénaturer l'intuition qui me pousse. Elle ne m'a jamais lâchée, alors pourquoi essayer de lui donner la forme d'un discours ?

Les mots n'auront jamais la force du vécu.

Moïse

Genre : Chevreuil craintif
Naissance : Juin 2016

Chevreuil orphelin sauvé lors des inondations de printemps. C'est une promeneuse, alertée par ses plaintes terrifiées, qui l'a repêché alors qu'il se noyait dans un cours d'eau en crue. De la mésaventure, Moïse a hérité son nom et une grande nervosité. Émotif, et fragile du cœur, cet ultrasensible est capable de se blesser en fonçant droit dans les clôtures sous le coup de la peur. Puisqu'il tolère mal la présence de chevreuils ou de daims, il a été isolé dans un enclos proche de la maison afin que l'on puisse garder un œil sur lui. Cette disposition permet aussi de l'habituer au va-et-vient et lui convient bien tant que sa routine est préservée.
Si l'on respecte un temps d'approche assez long, il se laisse amadouer, mais il préfère par-dessus tout sa tranquillité.

Pour toutes ces raisons, Moïse n'a pas tourné et ne sera probablement jamais un acteur.

Tous uniques !

Il n'y a pas un flocon semblable dans tout l'univers, aucun être vivant identique à l'autre, homme, chien ou poisson, pas un seul daim qui ressemble exactement à un autre daim.

L'animal est comme un livre, d'abord il faut apprendre à lire l'espèce, puis comprendre l'individu dans l'espèce. Le secret d'une relation, c'est de considérer l'animal dans sa singularité, et non comme une bête résumée à des généralités simplistes.

Il existe des loups assez curieux pour dépasser leur méfiance atavique, des castors paresseux, des éléphants romantiques et des bêtes sauvages qui adorent monter sur les planches pour jouer leur propre rôle !

Chaque pensionnaire a une histoire, des préférences, un tempérament plus ou moins farouche. Moïse, le chevreuil rescapé des inondations, a gardé un tempérament craintif, à la limite de la pathologie. Humain, il serait sans doute agoraphobe. Le plus petit bouleversement suffit à le mettre en état de stress. Sa mémoire le ramène-t-elle à une rivière en crue, à la perte et à la noyade ?

Après son acclimatation loupée dans l'enclos des chevreuils et des daims trop bagarreurs, on l'a isolé, dans l'espoir qu'il prenne ses marques et finisse par se sentir suffisamment solide pour frayer avec ses congénères. Peine perdue ! Avec lui, une crise de panique peut frapper n'importe quand, pour une interaction minime, comme ce jour de janvier où il s'est mis à caracoler sur la trentaine de mètres de son enceinte. Avant qu'on ait eu le temps d'intervenir, il avait déjà exécuté deux sauts périlleux et dans son affolement s'était infligé une belle estafilade. La raison de sa gigue endiablée ? Moïse venait d'apercevoir deux bipèdes remorquant derrière eux une montagne blanche – en réalité une bâche de tente écroulée sous le poids de la neige –, spectacle qui l'a plongé dans la terreur. L'opération s'étant effectuée à bonne distance, sans vacarme ni excitation, il m'a fallu quelques minutes pour comprendre d'où venait le problème. Après ça, j'ai demandé que chacun reste particulièrement discret aux abords de l'enclos. Évidemment, j'ai renoncé depuis longtemps à l'idée de faire de Moïse un acteur.

À l'inverse, Hip-Hop se précipite en quête de cajoleries dès qu'elle voit quelqu'un pointer le bout de son nez. La laie est une grande sentimentale, une quémandeuse gourmande de contacts. Les sangliers ont une force de bœuf mais possèdent un tempérament de midinette.

Passionnants, intelligents, ce sont des machines de guerre avec un cœur en sucre, et Hip-Hop ne fait pas exception.

Dès qu'elle se retrouve sur le fond bleu, elle sautille de contentement et répète volontiers les scènes, au point parfois d'en oublier sa récompense, ce fameux cake aux fruits dont elle raffole. Avec son talent, aucun besoin d'enchaîner les répétitions, notre demoiselle de 120 kg est au taquet, il faut juste veiller à moduler son enthousiasme dans les scènes de vol plané, quand elle vous atterrit dessus avec la grâce d'une enclume, comme sur le tournage de la pub de Canal+ où elle incarne un phacochère.

Les oies – celles qui ont participé au tournage de *Donne-moi des ailes* de Nicolas Vanier – se sont parfaitement adaptées à leur nouveau lieu de vie. À l'été 2019, nous avons travaillé d'arrache-pied pendant deux mois, de la Camargue à la Norvège. À présent qu'elles sont adultes, le lien fusionnel que nous avions s'est distendu. Elles me reconnaissent et viennent en se dandinant comiquement, certaines plus empressées que d'autres, mais nous n'avons plus la relation mère-filles due à l'imprégnation. Akka, l'héroïne du film, avait quitté l'enclos commun pour s'installer au jardin avec sa doublure, elle s'y baladait à sa guise, jouait avec Risotto, mon jack russell. L'an passé, elle a fini par s'envoler ailleurs. Manon, ma fille, l'a repérée quelques mois plus tard dans un étang du voisinage avec sa portée d'oisons…

Patchouli est une exception parmi mes pensionnaires. Je l'ai récupéré tout petit et je l'ai élevé, or, pour une raison qui m'échappe, ce rapace ne peut pas m'encadrer. Il s'ébouriffe, me tourne le dos et n'hésite pas à démontrer sa colère. Il est l'exemple idéal que rien n'est garanti dans une rencontre, malgré toutes les bonnes intentions du monde il subsiste une part d'inconnu. Je ne demandais pas mieux que d'apprécier ce hibou. Pas lui. C'est sans appel et voilà tout.

En un sens, l'antipathie de Patchouli me paraît très saine. Les animaux aussi ont leurs « têtes ». Ils sont capables de vous vouer une amitié violente, de vous ignorer royalement ou de ne pas vous sentir.

Célestin, quant à lui, est un bardot issu d'un étalon et d'une mule que j'ai trouvé par une petite annonce. À son arrivée à Sury, il ne savait rien faire a priori, sauf le bardot.

Un jour, il me vient l'idée saugrenue de le maquiller en zèbre puisqu'il en a la morphologie. On me demande régulièrement de travailler avec ces équidés ultra photogéniques et ultra imprévisibles. Dresser un zèbre est quasi impossible, alors pourquoi ne pas jouer sur l'illusion ? Mon projet me vaut pas mal de sarcasmes. Maquiller une mule en zèbre ? Et pourquoi pas repeindre la girafe ?

Je m'obstine et j'en parle à Jean-Yves, un ami coiffeur que le défi galvanise. Il utilisera la même coloration que pour ses clientes.

En bon bardot qui se respecte, Célestin est têtu mais nous avons un avantage : monsieur adore qu'on s'occupe de lui. Le procédé « maquillage » s'avère assez long car il doit être teint des sabots à la crinière, mais notre Célestin démontre une patience d'ange. Il ressemble à une dame qu'on bichonne dans un institut de beauté. La première fois, Jean-Yves s'escrime durant deux jours. Par la suite, avec l'habitude, l'opération teinture s'effectue en une journée.

Le résultat est tellement bluffant qu'une journaliste d'Equidia, à qui j'ai envoyé une vidéo du bardot magnifiquement rayé, décide de la montrer à Andy Booth, un spécialiste mondial de l'équidé. Elle est assez curieuse de voir s'il détectera la supercherie.

Même si Célestin fait un zèbre très convaincant, je doute que notre blague de potaches réussisse à le tromper longtemps. Voilà donc notre spécialiste convié à visionner la vidéo « d'une animalière ultradouée capable de dresser un zèbre » (puisque c'est ainsi qu'on lui vend l'histoire).

Loin de se montrer sceptique, Andy Booth reste scotché par la docilité de Célestin, à tel point que la journaliste soucieuse de ne pas commettre d'impair préfère lui révéler la mascarade. Au lieu de se vexer, l'homme n'en finit plus de s'exclamer sur le réalisme de notre mule à rayures et confirme avoir été totalement mystifié.

Quelle plus belle façon de baptiser une carrière ? Depuis, le bardot a enchaîné les tournages de pub et un clip avec Black M…

Nac, Meïki, Risotto, Cash, Routmouk, Gaspard, Melchior, Arun et Tchandra, O'Malley, Mérone, Ginger, Veen, Jen, Chem, Judas, Diva, Mony, Rouge, James, Nounouche, Automne, Tchacha, Akka, Trollus, Ouin-Ouin et Oui-Ouine, Macao, Kirby, Wendy, Ria, Gétro, Tony et Tino, Horst, Vlad et Lee, Beiby et tous les autres, cerfs, loups, félins, oiseaux de proie, harfangs ou écureuils, coatis, renards ou ratons laveurs ; tous uniques et singuliers, ils composent la grande arche de Sury.

Liberté

Pendant des années, je me suis efforcée de plaire à mon père mais quoi que je fasse ce n'était jamais assez, pas assez en tout cas pour l'extirper de ses humeurs sombres. Les moments que nous passions dans la campagne étaient les seuls où il semblait retrouver une forme de sérénité. Parfois même, il faisait preuve d'un humour détaché et c'est peut-être ce qui me poussait à espérer qu'il changerait en dépit de ses colères ; ces balades et l'amour de la nature que nous partagions...

À l'été 1976, durant la « canicule du siècle », nous avions décidé de rejoindre une petite rivière où nous avions l'habitude de pêcher. Le spectacle des pauvres créatures exsangues, quasi moribondes dans le lit presque à sec, était terrible ! Nous avions remonté la ravine asséchée, allant de trou d'eau en trou d'eau, ramassant les écrevisses et les brochets qui survivaient encore. Sous mes yeux attentifs, mon père soulevait les pierres, puis, d'un geste vif, il attrapait les derniers rescapés. Nous avions marché ainsi l'après-midi durant, sans nous soucier de la chaleur, papa portant les seaux pleins. Toute impatience semblait l'avoir quitté…

De retour à la maison, le fruit de cette curieuse « pêche » fut versé dans la baignoire, en attendant de leur trouver un endroit plus propice.

Ma mère avait beau rouspéter qu'on lui salissait tout, personne n'était dupe. Du moment qu'il s'agissait de faire plaisir, elle était trop heureuse de céder ; sa baignoire pour les écrevisses et les brochets, la lessiveuse aux escargots baveux, son couloir crotté de boue ou ma chambre, devenue le dernier refuge d'une ménagerie…

Le lendemain, ainsi que l'avait décidé mon père, nous avions emporté les seaux et relâché les pauvres bestioles rescapées dans un étang voisin.

Ainsi était mon père, à la fois chasseur et protecteur d'une nature exsangue. C'est un trait commun à tous les vrais chasseurs, n'en déplaise à certains.

Cet après-midi à jouer les saute-ruisseaux est l'un des derniers bons souvenirs que je garde de lui.

Quand j'ai eu quatorze ans, brusquement, je me suis rebellée. Je n'en pouvais plus de ses humeurs, de son alcoolisme, et mes pauvres tentatives pour être digne de son attention semblaient vouées à l'échec. C'était une quête impossible, je l'admettais enfin. Je ne supportais plus d'entendre ses récriminations, toujours les mêmes, il fallait me libérer du poids de sa rage, elle aurait fini par me contaminer, or je savais bien, moi, qu'il existait une façon de vivre, la forêt me l'avait montrée…

Avec les animaux, tout semblait si simple ! Il n'y avait pas de mensonges qui couvaient sous la surface. Tout était vrai, sans fard, sans menaces. Même leur imprévisibilité m'était familière. Il suffisait de les observer pour comprendre qu'ils étaient libres. J'aimais cette vérité, j'aimais leur liberté. D'une certaine façon, ils me sauvaient déjà du pire – mon père, ses cris, les petits arrangements avec ma mère – et me donnaient de la force. Je voulais vivre sans ces entraves d'adultes qui étouffent les rêves. Je voulais un avenir à la mesure de cet espoir.

J'ai tenté de persuader ma mère de partir parce que, malgré sa bienveillance systématique, je n'étais pas dupe, elle se sacrifiait. Je la tannais pour qu'elle divorce et plus le temps passait sans changement ni rupture, plus je lui reprochais de rester. L'atmosphère à la maison s'alourdissait encore, mon père trouvait toujours à redire, mon frère artiste trop délicat à son goût, moi trop entêtée, les gens trop ceci ou trop cela. Seul le lycée était épargné, il y avait une réputation de bon prof. Ses élèves l'adoraient, il était sympa et souriant. Il n'y avait que chez lui qu'il se transformait en râleur invétéré : docteur Jekyll et M. Hyde.

Ma mère encaissait, sa patience la rendait aveugle. Deux années passèrent dans cette ambiance avant qu'elle ne se décide à dire stop. J'ignorais que pour mon père, ce serait le début de la fin. Quand nous sommes partis loger dans un petit appartement à Montargis et qu'il a réalisé ce qui arrivait, c'était déjà trop tard, il avait tout perdu. Je l'ai vu couler et je n'ai pas su comment l'aider. J'éprouvais un mélange de pitié et de ressentiment envers lui qui se réveillait après la bataille. Pourquoi n'avait-il pas compris avant ? Pourquoi n'avait-il rien réparé, rien corrigé ?

Mon père a mis fin à ses jours, en novembre 1981, alors qu'il parlait au téléphone à ma mère. Un coup de bluff, un dernier coup de gueule, un coup de feu, sa dernière violence. Je l'ai appris au retour de l'école. J'avais seize ans.

Au début ce fut l'enfer. J'avais senti venir le drame sans pouvoir l'empêcher. Je culpabilisais de l'avoir détesté, de ne pas l'avoir sauvé. Mon chien Oban m'a obligée à tenir. Il fallait bien m'occuper de lui, le sortir, le nourrir, respirer, reprendre goût au mouvement, petit à petit. Sans son amour constant, son entrain, sa simple présence, j'aurais sûrement encaissé les choses plus durement encore.

Ma mère a demandé sa mutation à Paris, nous avons déménagé à Saint-Cloud pour retrouver ma famille maternelle, ma tante, mes oncles et mes grands-parents.

La vie reprit son cours, plus libre, malgré tout. On se reconstruisait doucement quand ma mère est morte un jour de janvier 1984, dans un accident de voiture.

Mon oncle et ma tante ont pris mon jeune frère chez eux. J'avais à peine dix-huit ans et je me retrouvais soudain en première ligne. C'était un sentiment étrange et incroyablement violent.

Le choc de la disparition de ma mère a failli me faire perdre pied. Sa mort avait été si brutale, tellement injuste, que je me suis sentie submergée par une rage intime, presque animale. C'est ce qui m'a sauvée, je crois, ce violent instinct de survie. Tout ce que j'avais vu et senti de la nature me soufflait de tenir. Douleur ou sentiment d'injustice, je ne pouvais pas me laisser engloutir alors, pour ne pas crever, je devais me souvenir de cette force. Les bêtes ne meurent pas de la mort des autres, même pas de celle d'une mère, sauf les tout-petits. Je devais continuer et me battre chaque jour pour mettre un pied par terre. Et puis il y avait Oban, mon chien fidèle. Il ressentait ma douleur et l'apaisait comme il pouvait.

Une chose ne faisait aucun doute dans mon esprit, je voulais un métier qui me donne envie de me lever chaque matin.

J'ai donc préparé un dossier pour pouvoir partir aux États-Unis intégrer l'University of Southwestern Louisiana à Lafayette. J'avais choisi cette université parce qu'elle était rattachée à un centre de primatologie et je voulais m'inscrire en *communication* pour travailler dans la presse animalière. C'était aussi le moyen d'échapper au pire en partant loin. En attendant l'acceptation de ma candidature, je passais mon temps au Jardin des plantes du musée d'Histoire naturelle. C'est là que j'ai fait la connaissance de Bernadette Brésard, une primatologue formidable. Elle menait une étude comparative sur la notion de repères dans l'espace chez les chimpanzés et les orangs-outans. Fascinée depuis toujours par les anthropoïdes, j'ai fait le siège de cette scientifique qui, de guerre lasse, a fini par m'intégrer dans son équipe. J'y ai rencontré mes premiers « cousins » : Chloé, femelle chimpanzé de quatre ans, et Doudou, mâle orang-outan de cinq ans.

Avec sa carrure trapue et sa bouille expressive, un chimpanzé peut sembler inoffensif. En réalité, il est doué d'une force phénoménale. Sa fibre musculaire est huit fois plus concentrée que celle d'un humain ! Un adulte en furie serait parfaitement capable de vous écarteler à mains nues.

Le deuil de ma mère me poussait à vivre à cent à l'heure, animée par un furieux besoin de liberté. J'avais décidé que, puisque le pire était passé, plus rien ne pouvait m'arriver. Je n'avais jamais peur. Je roulais à tombeau ouvert, je bossais dur, je m'amusais à fond. La seule chose que je redoutais c'était d'éprouver un jour des regrets d'avoir été trop raisonnable. L'autodestruction était ma seule limite. J'avais besoin d'aller au bout du bout, quitte à me vautrer. « Tomber n'est rien si on se relève » était ma devise. Je savais mieux que personne combien la vie est courte, fragile, infiniment précieuse, et il n'était pas question d'en gâcher une miette !

Bernadette Brésard, que j'assistais dans ses travaux, m'a bientôt fait suffisamment confiance pour me laisser autonome et j'ai commencé à travailler seule dans les enclos.

Un jour que je jouais à la bascule avec Doudou, il a bloqué mes chevilles avec ses pieds et j'ai vu son regard changer. Cela s'est produit en une seconde. À un moment donné j'avais affaire à un jeune orang-outan espiègle, l'instant d'après il avait viré à l'ado obsédé et me piégeait dans un étau !

J'ai tout de suite compris le danger, si bien que quand il a avancé sa main pour défaire le bouton de mon chemisier, ma voix est restée ferme.

« C'est bon, Doudou, on se lève et on va prendre ton goûter… Allez ! »

Tout dans mon intonation clamait la maîtrise. J'étais convaincue parce que je devais être convaincante. Ce n'était qu'un épisode, un petit accroc annonciateur de sa métamorphose vers l'âge adulte… au fond de moi, pourtant, je savais pertinemment que le jeu venait de changer et que l'équilibre tenait à un fil. Si Doudou s'énervait, je ne ferais pas le poids…

Gardant un visage imperturbable, il a feint de ne pas comprendre mes paroles. Il demeurait face à moi, apparemment calme, mais continuait à me ferrer, hypnotisé par mon décolleté. J'aurais beau me débattre autant que je le voulais, tant qu'il ne céderait pas j'en serais réduite à attendre.

En réalité, nous savions tous les deux ce qui était en train de se nouer.

Il avait l'avantage de la force, je ne pouvais donc pas entrer en conflit avec lui, mais je pouvais montrer suffisamment de fermeté pour qu'il me lâche, ce qui revenait à rééquilibrer nos rapports de confiance et d'amitié en lui rappelant qui nous étions, moi sa soigneuse, lui un jeune orang-outan.

Je me suis mise à parler en alternant la douceur, l'amusement, l'agacement et, comme rien ne marchait, j'ai essayé de détourner son attention en faisant appel à sa gourmandise. Doudou n'a pas cédé d'un pouce. Ma seule petite victoire a été qu'il reste figé, ayant renoncé à explorer mon décolleté. J'ignore combien de temps nous aurions tenu le statu quo si Bernadette n'était pas arrivée. Sur son ordre, Doudou m'a enfin lâchée.

Cette première confrontation avec la force animale, loin de me refroidir, conforta ce que j'avais toujours senti. Je voulais travailler avec les animaux. J'étais devenue misanthrope par détestation du mensonge et de l'hypocrisie, et voilà que je réapprenais à aimer les humains auprès des animaux.

Avec eux, je me sentais à ma place.

Scania

Genre : Mâtin de Naples, une des chiennes de ma vie, l'exemple typique du cabochard.
Naissance : 1988

Scania a déboulé dans ma vie en 1988, à la période magique des débuts où tout paraissait ouvert, enthousiasmant. L'année précédente j'avais rencontré deux mâtins, Capone et Comtesse, les chiens d'un ami, et j'étais aussitôt tombée amoureuse de la race. Ces gros chiens ont toujours un pet de travers mais j'aime leur gueule, cette dégaine débonnaire, leur façon de se poser empreinte de force tranquille. D'ailleurs, un coup de foudre ne s'explique pas.
Puisque nous sommes l'année des D, je prénomme la petite femelle « Dacia ». Après quelques mois, néanmoins, je la rebaptise « Scania », un nom mieux adapté à sa stature de molosse !
Nous devenons inséparables. Dans mon métier, j'ignore les freins ou les limites de l'exercice, et très vite j'ai le sentiment qu'avec cette chienne hors du commun tout est possible !

À la maison, Scania goûte assez peu l'autorité. Son tempérament dominant la pousse à s'imposer, une vraie tête de Turc ! Si elle se montre une exceptionnelle chienne de garde, elle obéit surtout quand cela lui chante. En revanche, dès qu'il s'agit de jouer la comédie, elle se métamorphose en actrice docile, patiente, prête à rejouer une scène autant de fois qu'on l'exige.
Bientôt, je dois l'enfermer quand je m'en vais travailler avec un autre chien, à croire qu'elle devine que nous partons « nous amuser » en tournage. Furieuse de ne pas être de la partie, Scania n'hésite pas à agresser ses partenaires pour passer sa frustration.
Sur le plateau, Scania semble savoir parfaitement quel est son meilleur profil. Elle prend la pose, attentive à tout, surveille du coin de l'œil les opérations, s'arrangeant pour être au centre de l'attention.
Cette faculté à bouffer littéralement l'œil de la caméra s'illustre particulièrement sur le tournage du Souper*, un film d'Édouard Molinaro. Tandis que les comédiens discutent au premier plan, Scania repose au second plan, sur un canapé. Consciente de ne pas être le point de mire, elle se tortille assidûment afin qu'on la remarque, si bien que le chef op' finit par changer l'axe de sa caméra. Avec ses frétillements, la chienne ravit tous les regards et fait oublier le comédien !*
Comme tous les gros molosses, les mâtins de Naples ont une santé fragile. Ma chienne souffre d'un problème rénal ; elle est morte dans mes bras à l'âge de neuf ans et sa perte m'a affectée au point que je me suis juré de ne plus avoir de mâtin.

Liberté

J'ai perdu une grande amie. Scania était compliquée, têtue, chiante, insoumise, provocatrice et je l'aimais.
J'attendrai le tournage de Mon chien Stupide *pour oublier ma résolution et prendre quatre mâtins en pension.*

CV

Cinéma
Le Souper, d'Édouard Molinaro, 1992
La Cité des enfants perdus, de Jean-Pierre Jeunet et Marc Caro, 1995

Chien blanc, cœur noir

Les chiens m'accompagnent depuis toujours. Certains ont été plus importants et chéris que les autres, comme Oban de Saint-Tugen, « parce que c'était lui, parce que c'était moi » comme dit joliment La Boétie.

Quelques années avant les morts tragiques de mes parents, nous étions allés le chercher à Neuilly-sur-Seine, chez un éleveur. Lassé par mes supplications, mon père avait accepté d'acheter cet épagneul breton pure race pour remplacer Filou, notre griffon disparu. À l'instar de Chouki, son prédécesseur, Filou était le roi de l'escapade et après avoir enchaîné les fugues il s'était définitivement volatilisé. J'avais mis quelques semaines avant de me résigner. Depuis, je faisais le siège de mes parents pour avoir « mon » chien.

Par un de ces clins d'œil du destin que je déchiffrerai plus tard, le griffon devait préfigurer mon avenir. Un an après sa disparition, nous avions eu la surprise de reconnaître sa bonne tête ébouriffée en pleine page du journal télé, illustrant la rubrique cinéma avec ce gros titre : « Le chien perdu trouve un maître en devenant acteur ». Récupéré par la SPA, Filou avait été adopté par un réalisateur et obtenu un rôle dans un film.

Oban était un chiot craquant, mais il aurait pu être borgne ou débile, je l'aurais emporté de crainte que mon père ne change d'avis.

L'osmose a été immédiate et totale. Ce chien-là, pas question qu'il aille au garage pour finir fugueur ! J'avais obtenu qu'il vive à la maison. Il me suivait à la trace, dormait dans mon lit, attendait mon retour quand je partais en cours. En plus des ordres classiques « assis/couché/stop/au pied », je lui apprenais à ouvrir et à fermer les portes, à porter des choses ou à m'en apporter d'autres, que je lui désignais. Quoi que je lui demande, Oban l'accomplissait avec ardeur. L'apprentissage allait bien au-delà de quelques consignes, c'était une connivence rare qui se passait de mots. Ce chien était comme ma moitié animale. Il sentait mes humeurs et me défendait en toutes circonstances. Chaque après-midi, à mon retour de l'école, il me flairait de loin, la queue battant d'impatience.

Quand ma mère est morte, je n'ai pas imaginé une seconde rejoindre ma fac américaine sans sa présence à mes côtés. Je me suis démenée pour obtenir une autorisation, j'ai accepté de le mettre en quarantaine et payé tous les frais supplémentaires que son voyage occasionnait. J'étais prête à renoncer au voyage si on lui refusait l'entrée sur le territoire américain. Je n'envisageais pas de recommencer ma vie sur un nouveau continent sans mon chien fidèle...

À peine arrivé en Louisiane, Oban est parti en exploration dans le quartier (à sa façon désinvolte, lui aussi avait l'habitude de décamper, puis rentrait tout tranquillement après un jour ou deux d'aventure). Durant ses virées, mon épagneul entreprenait toutes les chiennes du coin et comme la fourrière faisait des tournées régulières, je l'ai récupéré plusieurs fois là-bas. J'avais même sympathisé avec Sam, le patron de la structure, un grand Noir sympathique qui adorait les animaux.

Un jour, un de ses employés m'a parlé d'une petite chienne qu'ils venaient de récupérer, la patte cassée. Puisque personne n'était disposé à payer pour des soins, elle serait probablement euthanasiée. Le type de la fourrière savait à qui il avait affaire car je l'ai aussitôt prise avec moi. Il n'était pas question de l'abandonner.

Durant un mois, tout s'est bien passé. J'habitais un quartier résidentiel « blanc » non fréquenté par la population noire. Rien de choquant en Louisiane à l'époque... Il est à noter que les espaces verts autour des maisons devaient être entretenus sous peine d'amende et que, dans un climat subtropical, passer la tondeuse quasi quotidiennement est un sport national ! Je n'avais pas le temps d'effectuer cette tâche et j'ai donc fait appel à une entreprise spécialisée comme il en existe partout. J'ai signé un contrat d'entretien à l'année avec le boss, un homme blanc qui m'a annoncé que son équipe commencerait le lendemain même. Quelle n'est pas ma surprise en ouvrant la porte à un groupe de jeunes hommes noirs de voir ma petite protégée se transformer en bête féroce. Elle hurlait et bavait de rage, trépignant pour mordre tandis que j'essayais de la retenir. Face à ce déchaînement, les employés ont pris leurs jambes à leur cou en criant « *White dog ! White dog !* »

J'ai réussi à calmer l'animal, puis j'ai téléphoné à Sam, catastrophée. Il m'a ordonné de l'attacher à l'arrière de la maison pour plus de sûreté et a ajouté qu'il m'expliquerait.

Quand il a débarqué, un quart d'heure plus tard, la chienne qui s'était calmée s'est de nouveau métamorphosée en diable hurlant. Sam l'a fixée un moment, imperturbable. On aurait dit qu'il se contentait de noter sa fureur sans pouvoir rien y faire.

Ensuite, il m'a fait signe de le suivre hors du jardin.

« C'est un chien blanc. Un chien dressé pour détester les nègres. »

C'est ainsi qu'il me l'a décrit, en usant de ce terme brutal : *nigger*.

Personne n'avait détecté le problème pour la bonne raison que la chienne n'était pas restée assez longtemps à la fourrière pour le croiser lui, ni aucun Afro-Américain. En temps normal, la petite femelle se montrait adorable, douce, câline, mais face à une peau noire, l'ange virait au démon.

Je tombai des nues. Sam a poursuivi en m'expliquant qu'on dressait ces chiens en payant des SDF pour les rouer de coups et leur inoculer la rage dans la peau. Des hommes noirs, bien entendu. La tradition remontait aux plantations, quand des meutes de chiens féroces traquaient les esclaves évadés. La méthode perdurait pour refouler les manifestants chez les racistes du Sud, policiers ou civils. Il suffisait d'enraciner la peur et la violence, comme on transmet un virus...

Face à ces chiens perdus, l'euthanasie était systématique. Leur férocité maladive les rendait irrécupérables.

J'ai plaidé la cause de ma protégée. D'abord elle n'avait mordu personne, et elle n'était pas responsable de ses mauvais maîtres. On lui avait appris à haïr, elle avait obéi avec toute la fidélité dont elle était capable.

Ce jour-là, la pitié l'a emporté sur le règlement. Sam a fait une exception, sans doute plus pour moi, la *frenchie* naïve et idéaliste, que parce qu'il était convaincu. Il voulait bien l'épargner à une condition : lui trouver un foyer où elle ne risquerait pas de croiser un de ces *niggers* qui la rendaient dingue.

On a fini par lui dégotter une ferme située au bout du monde, dans le Sud profond, là où il n'y avait quasiment aucune chance qu'elle voie un homme à la peau sombre.

Cette histoire m'a secouée. Je n'étais pas naïve, j'avais déjà eu affaire à la violence, mais imaginer qu'on puisse éduquer un chien à la haine me paraissait le comble de la bassesse. Le pire, peut-être, c'était l'incroyable lâcheté de ce dressage. La nature animale est vierge de perversion ;

des hommes avaient dénaturé le chiot comme on tord un objet, ils en avaient fait une arme tandis qu'eux, ces pitoyables maîtres, ne risquaient rien.

Il n'y a qu'un mot pour désigner l'éducation d'un animal. Faute de vocabulaire, « dresser » est un verbe fourre-tout qui recouvre une multitude d'expériences qui vont de l'amour à la plus grande maltraitance. Qu'on le formate comme un vulgaire outil, qu'on l'apprivoise avec tendresse ou qu'on noue avec lui une relation complexe, le terme reste le même.

Finalement, c'est la manière de faire les choses qui importe. Et le regard que l'on porte sur le monde.

En 1982, à peine quelques années avant ma venue en Amérique, Samuel Fuller sortait son film *Dressé pour tuer*, tiré du roman de Romain Gary, *Chien blanc*, paru en 1970. L'auteur y raconte comment sa femme, l'actrice Jean Seberg, et lui, adoptent un grand berger allemand perdu. Ils le recueillent et le baptisent Batka. À l'époque, Jean Seberg se bat aux côtés des Afro-Américains pour leurs droits civiques quand elle découvre avec horreur que Batka est un « *white dog* ». Refusant le sort qui condamne l'animal à mourir après l'avoir condamné à haïr, Jean tente de le désensibiliser avec l'aide de Keys, un employé de zoo noir spécialiste des serpents…

Bêtes de scène

S'il fallait classer les outils indispensables au dressage, je dirais que le respect est la condition de l'amour. On peut aimer mal, mais il n'y a qu'une façon de respecter, c'est de considérer l'animal dans son entier, de comprendre ses besoins et d'y répondre en fonction de sa nature.

Pour établir une relation avec une bête sauvage, je vais chercher au plus profond de moi, dans mes tripes, et je me mets à son niveau. Je lui fais face, sans histoire de pouvoir ou de hiérarchie. J'ai besoin de l'observer, de la sentir et de la deviner pour la connaître. C'est une véritable leçon d'humilité.

Autant dire que la vieille école qui consistait à alterner confort/inconfort, je n'y crois pas. Aux animaux que je recueille, le respect consiste d'abord à leur offrir le gîte et le couvert, des soins et suffisamment d'interactions pour éviter certaines pathologies comportementales dues au stress ou à l'ennui.

À partir de là, le travail peut commencer.

Je n'ai jamais aimé le terme de « dresseur », il me paraît restrictif et caricatural, tout droit sorti d'un passé aux pratiques révolues. À moins d'en inventer un, je préfère celui des Anglo-Saxons : *handler* et sa symbolique d'une main tendue, comme un pont vers l'autre espèce.

À Sury, j'évite la contrainte et les manipulations qui font fi du tempérament de l'acteur. Formater un animal aux exigences d'une scène n'a aucun sens, ce qui m'intéresse c'est de combiner ses capacités et son envie de jouer.

On ne fait pas travailler une bête sauvage qui rechigne, pas plus qu'on ne force l'âne à boire. L'animal répond aux sollicitations parce qu'il le décide, par goût de l'exercice ou par cabotinage, pour un tas de raisons qui tiennent à sa personnalité, à son humeur et au lien qui s'est établi avec l'animalier. Sans cette complicité, on loupe l'essentiel. D'ailleurs, d'un simple point de vue pratique, plus on fait les choses en douceur, meilleures elles sont : meilleur résultat sous l'œil de l'objectif, meilleur acteur, meilleure dresseuse animalière aussi.

En août 2019, sur le plateau de *Mystère*, j'observais Shanna, la jeune actrice principale avec sa coach aux petits soins (sur un film, chaque enfant acteur est chaperonné par un adulte qui veille à son bien-être, c'est la règle), et j'ai compris que nous avions sensiblement le même rôle, cette coach-nounou auprès de la fillette et moi avec la meute de loups. Nous veillons et encourageons de façon à tirer le meilleur d'eux dans un confort maximum.

En réalité, je ne dresse pas, je coache et je mets en scène.

Les éléments essentiels à un bon dressage ne sont pas compliqués en théorie : une relation de confiance, de l'entraînement, un renforcement positif. Néanmoins, sans le respect et une infinie patience, le travail ne « tiendra » pas. Tout le temps qu'on donne à un animal, ce temps passé ensemble, il nous le rend au centuple.

J'ai imprégné toutes sortes de bêtes depuis la couvée de canetons de mon enfance. Kilia, ma femelle puma – une de mes plus belles histoires d'amour –, les coatis Lulu et Lilou, des chats, des chiens, les oies de *Donne-moi des ailes* (qui venaient boucler la boucle reliant mon enfance à mon métier), mes meutes de loups… Pour autant, et même si l'imprégnation facilite beaucoup les choses, elle n'est pas indispensable à un bon jeu d'acteur. J'ai eu des résultats inespérés avec des poules, un cerf et même des araignées ! Un de mes meilleurs comédiens était un chat des rues qui avait vécu des années en parfait solitaire.

A contrario, un animal imprégné peut parfaitement se montrer rétif à tourner. Dans ce cas, inutile d'insister, il n'a pas la fibre. Moïse en est le meilleur exemple. Le monde des hommes lui reste étranger et périlleux. À quoi cela servirait-il de le forcer ? À obtenir un mauvais rôle ?

Plutôt que de lui faire violence, ce chevreuil restera à Sury et y finira sa vie, préservé des agressions du monde…

Une fois le lien de confiance établi avec l'animal, l'entraînement peut débuter. D'abord sous forme de jeu, avec des consignes simples appuyées par des encouragements.

La répétition est primordiale dans un apprentissage. Pour éviter la lassitude et maintenir une dynamique de travail « amusant », on fractionne les séances, quitte à recommencer une action plusieurs fois dans la journée.

Les animaux ne sont pas si différents de nous, quand ils se lassent de la monotonie d'un exercice, ils ne tardent jamais à vous le faire savoir ! Un dresseur impatient n'a rien à faire dans le métier. Parfois, l'entraînement ne prendra que quelques jours, parfois il faudra des semaines et, pour les plus farouches, cela peut prendre des mois. Dans ce cas, que l'animal soit imprégné ou totalement sauvage, on avance pas à pas, ce n'est plus seulement une question d'apprentissage, c'est une question de confiance qui se construit par étapes. Parfois une seule maladresse suffit à tout faire vriller, le lien précieux se brise.

La magie se tient là, dans cet équilibre précaire. Il en fait tout le prix.

Durant nos séances, on distribue des friandises pour appuyer une réussite – un morceau de fruit, une croquette, un bout de fromage –, on flatte et on caresse à grand renfort d'exclamations. Les animaux adorent ça ! Contrairement à certaines écoles, je refuse d'affamer un animal pour l'amener à accomplir une action. C'est d'autant plus stupide qu'une bête stressée perd l'appétit, et que l'on se retrouve bien vite enfermé dans un cercle vicieux.

L'approbation est la base du renforcement positif. Un animal bien dans sa peau fera toujours un meilleur comédien, toujours !

L'histoire de Monsieur illustre à merveille cette collaboration heureuse…

Monsieur

Genre : Cerf, 20 cors
Naissance : 2009

Monsieur a été choisi alors qu'il avait déjà cinq ans, chez un éleveur d'excellente réputation. C'était alors un beau cerf de dix-sept cors (il en gagnera encore trois sur le tournage de L'École buissonnière*).*
D'une adresse peu commune, Monsieur a conscience de son corps dans l'espace. S'il était de l'espèce Homo sapiens *il pourrait incarner un danseur, un athlète de haut niveau ou un acrobate. Capable de placer ses bois au millimètre près après une charge au galop, il donne l'impression d'avoir un œil à chaque pointe. Monsieur est d'une majesté sans pareille et il ne l'ignore pas, cela se devine à sa façon de porter haut ses bois. « Voyez ma forêt », semble-t-il proclamer ! Ce n'est pas seulement le nombre des épois, ce sont ses fabuleuses empaumures qui n'en finissent plus de fourcher et qui le consacrent roi.*
Cet animal que j'ai choisi pour des raisons professionnelles compte parmi les plus belles rencontres de ma vie.

Bêtes de scène

Incroyablement gracieux, d'une finesse et d'une sensibilité stupéfiante, ce cerf ne cesse de me bluffer.

CV

Cinéma
Les Premiers, les Derniers, de Bouli Lanners, 2016
L'École buissonnière, de Nicolas Vanier, 2017

Télévision
Marie-Antoinette, série de Canal+, 2021

Autres
Publicité pour Renault Zoé

Une rencontre

Je sais d'emblée que je m'attaque à du lourd en acceptant de travailler sur *L'École buissonnière*, le nouveau film de Nicolas Vanier. L'histoire se déroule en Sologne, au début du XXe siècle, et l'un des héros est un magnifique vingt cors. Si tout est très joli sur le papier, je sais qu'à l'écran le défi risque fort de tourner au casse-tête, d'autant plus que je commence à connaître Nicolas ! Cet homme aime voir s'incarner ses rêves et il a barré « impossible » de son vocabulaire.

À la vérité, je connais peu les cerfs. Ayant un faible pour les prédateurs, je les imagine timorés et assez peu disposés à accepter les consignes d'un dresseur ; or, le scénario leur réserve des scènes importantes. L'animal qui jouera le rôle de « Monsieur » est censé incarner l'âme de ce conte bucolique, il ne s'agit donc pas de se louper !

En grand prédaté, le cervidé est a priori indressable et il serait illusoire de vouloir imprégner un grand mâle, surtout non castré. Il considérerait alors son soigneur comme un congénère, donc un potentiel rival à embrocher dès la saison du rut.

On apprivoise un cerf, on ne l'imprègne pas.

J'opte donc pour une sociabilisation poussée. Mon expérience du monde sauvage fera le reste… J'ai travaillé avec tellement d'espèces que cela ne peut pas être tellement plus compliqué. Et puis Monsieur est un mâle, je suis une femme, ce qui m'octroie un léger avantage.

Cette période d'approche puis d'apprentissage nécessitera trois longues années afin qu'il se fie absolument à moi, pour nouer un lien puissant fondé sur une confiance mutuelle.

Monsieur se montre craintif mais d'un tempérament calme. Mon premier soin consiste à apaiser sa méfiance atavique face aux humains est donc de m'appuyer sur cette force tranquille – je ne vois pas de meilleure formule pour le qualifier que le slogan socialiste ! Ensuite, je n'ai plus qu'à me laisser guider par l'instinct. Je manque peut-être de références question cervidés, mais je suis certaine qu'en respectant ses codes et en y allant progressivement il se produira inévitablement quelque chose entre nous.

Avec Lisa, nous commençons par l'habituer à notre présence quotidienne. Je veille à garder l'esprit ouvert, en évitant les suppositions trop générales. Monsieur n'est pas seulement un cerf effarouché, il est surtout un être doué d'une personnalité qu'il nous faut découvrir sans rien forcer. Nous lui parlons beaucoup pendant les nourrissages, nous le complimentons sur son apparence, sur ses progrès et ses timides approches. Le ton est joyeux, l'intonation légèrement aiguë. Au fil des mois, il apprend que nous ne sommes ni une menace ni une gêne, mais une présence attentive, source de nourriture et de cajoleries.

Bientôt Lisa devient la pote de virée tandis que j'endosse le rôle parental, plus rigoureux. Comme tout bon parent, je dois me montrer cohérente et juste. Je sais que nos approches complémentaires le rassurent et lui permettent de trouver son équilibre.

À chaque fois que nous travaillons sur la durée, l'apprivoisement est progressif mais les résultats sont magnifiques. Monsieur commence à apprécier nos visites, puis à les attendre. Rassuré par notre constance, il s'accoutume à nous. En l'espace de quelques semaines, nous devenons ses références en matière d'humains. Il nous accorde bientôt sa confiance.

À partir de là, nous pouvons débuter l'entraînement proprement dit. Celui-ci consiste à répéter des déplacements et à répondre à des consignes claires : aller d'un point à un autre, « poser » en place, regarder, attendre, repartir au signal, puis courir derrière Lisa. A priori rien de très compliqué, mais il ne faut pas oublier qu'il s'agit au départ d'un animal d'une sauvagerie extrême.

C'est un peu comme si nous demandions à un misanthrope de fréquenter un salon où l'on cause…

Nous le faisons évoluer tantôt dans le studio, tantôt dans l'espace de détente de trois hectares, afin qu'il se familiarise avec toutes les situations de tournage. Le moment où il ira jouer « pour de vrai » en pleine nature approche… Et quelle nature ! Chambord et ses cinq mille hectares de réserve peuplée de hardes sauvages, autant dire le Club Med pour un cerf à éduquer !

Puisqu'il n'est pas question de le trimballer au bout d'une longe, il va falloir le guider au mental. Je compte sur la force de notre relation de confiance pour qu'il accepte de se laisser mener en dépit de son atavisme. C'est cette complicité qui donnera de l'amplitude à une scène, je le sais, mais comment vais-je me débrouiller avec un pareil terrain de jeu, alors que les effluves des femelles viendront le chatouiller jusqu'à le rendre fou ?

Mon entourage me déconseille fermement de l'emmener à l'automne. Même sans croiser des congénères belliqueux, il y a de grandes chances pour qu'il devienne dingue à l'époque du brame.

Nous faisons aussi face à un autre casse-tête : Monsieur ne nous craint plus. En frayant quotidiennement avec lui, Lisa et moi appartenons désormais à sa harde, et cette désinhibition n'est pas sans danger. Nous ne sommes pas des biches, il existe un risque qu'il nous considère comme de possibles rivaux, des congénères à remettre à leur place. Même en envisageant une réaction mesurée, 180 kg de muscles « agacés » peuvent s'avérer périlleux ! S'il nous bouscule en guise d'avertissement, le risque de blessure est sérieux.

Péril ou pas, je n'ai pas le luxe de modifier les dates de tournage, pas plus que de changer la nature de Monsieur, et il n'est pas question de décevoir Nicolas Vanier. Je choisis donc le coup de poker.

En réalité, le risque est mesuré. Je mise tout sur le lien que nous avons tissé à force de patience. Je crois que je suis assez curieuse de voir la suite. L'essentiel est acquis ; nous n'avons jamais trahi sa confiance et j'ai veillé à rester juste, Monsieur le sait à sa façon. Avec un peu de chance – il en faut toujours –, notre relation singulière sera plus forte que ses pulsions !

J'ai quand même décidé de lui faire découvrir Chambord avant le tournage. Ce sera une bonne façon de l'accoutumer à l'espace, pour qu'il soit aussi à l'aise que possible au moment d'entamer le film.

Les animaux ne sont guère différents de nous en matière de confort. Si vous les amenez en terrain inconnu pour leur premier jour de travail, ils seront stressés et chercheront leurs marques. Je n'ai aucune envie d'ajouter un motif de tension à une équipe de tournage déjà survoltée !

Nous partons au début du mois d'août alors que Monsieur vient de « dépouiller », c'est-à-dire perdre ses velours au profit de bois secs[1]. Nicolas Vanier s'est joint au voyage. Durant trois jours nous nous baladons dans ces lieux préservés. Le cerf découvre les quatorze hectares où il tournera d'ici à quelques semaines. À le voir évoluer, s'imprégner de la nature et humer les odeurs, je gage qu'il gardera la mémoire des sous-bois et des clairières, des étendues de lande…

De retour à Sury, nous reprenons l'entraînement avec un nouvel élan. Le défi est ardu, comme toujours avec Nicolas Vanier, mais il est passionnant !

Quand nous rejoignons l'équipe quelques semaines plus tard, à Chambord, je comprends que j'ai gagné une partie de mon pari : Monsieur est immédiatement à l'aise. Il investit son rôle sans la moindre réticence.

Pour qu'il ait l'impression de rentrer chez lui après chaque séance de travail, j'ai fait monter un enclos-loge de deux mille mètres carrés, réplique parfaite de son espace à Sury. Dessus, nous parquons son van de transport où il dort chaque nuit.

---

1. Le cerf perd ses bois chaque année fin février puis ceux-ci repoussent à partir de mars. Ses nouvelles excroissances composées d'os sont appelées « refaits ». Elles repoussent et sont recouvertes de velours jusqu'à atteindre leur plein développement (environ 140 jours). Au moment où les bois sont finis et bien durcis, en juillet et août, l'animal frotte ses bois contre les arbres, on dit qu'il fraye, et fait tomber le velours pour dévoiler sa ramure.

À notre arrivée, on retrouve le ban et l'arrière-ban habituel des grands tournages, techniciens, cadreurs, machinistes, script, régisseurs, assistants, producteurs, journalistes, sans compter les gens de Chambord. C'est beaucoup trop pour Monsieur ! Quels que soient les distances ou les camouflages, il ne se laissera jamais abuser : si un observateur est capable de l'épier, il ressentira inévitablement sa présence. On parle quand même d'un des animaux les plus chassés de la planète ! Je demande donc que l'équipe soit réduite au minimum quand il entrera en scène.

Nicolas Vanier comprend parfaitement mon exigence. Le cerf a besoin de calme, sans quoi il risque d'être inhibé devant la caméra. Seuls les gens indispensables à la séquence sont acceptés.

Dès les premières scènes, je suis émerveillée.

Monsieur se plie aux consignes avec une bonne grâce sidérante. Il pourrait nous embrocher et il sait que je le sais, cela lui suffit. Jamais il ne manifeste une once d'agressivité. On lui demande de stopper, il stoppe. On l'incite à courir – en lui imprimant un « coup de pousse » sur le fessier – et il file sans la moindre hésitation vers Lisa ou derrière elle, selon la scène exigée. Ces courses donneront les séquences de poursuites que Nicolas intégrera au montage.

Une fois les images en boîte, nous n'avons qu'à l'appeler et le cerf nous emboîte le pas, aussi docile qu'un petit chien. En réalité, je crois qu'il est tout simplement content de rentrer après les aventures de la journée et, à le voir évoluer dans son enclos, on jurerait que les effluves des femelles ne le perturbent pas le moins du monde.

Avec Automne, le daim – son partenaire –, ils sont évidemment ravis de crapahuter en pleine nature mais ce plaisir « sauvage » ne supplante pas l'envie de contact – après tout, nous faisons partie de leur clan ! –, celui du jeu ou l'assurance d'être à l'abri, de manger et de boire sans craindre d'être dévorés ou abattus par la balle d'un chasseur.

J'ai eu raison contre l'avis général. La force du lien l'a emporté sur les phéromones !

L'une des dernières scènes que nous tournons est plutôt délicate. Le cerf doit remonter le lit d'une rivière au galop, puis, arrivé à une fourche, repartir sur la droite, grimper sur le talus afin de revenir au point de départ pour la prochaine prise.

La voie de gauche mène à son van, sa zone de confort. Là-bas, personne ne vient l'embêter et il en est conscient. Il a donc la possibilité de choisir, il lui suffit de bifurquer.

Connaissant la propension de Nicolas à refaire une prise tant qu'il n'est pas satisfait, j'ai préféré le prévenir : « Quand Monsieur dit stop, on arrête les frais. On doit respecter sa décision, je ne veux pas le pousser ! »

Nicolas acquiesce. Lui aussi me connaît, moi et mon obsession de la confiance. D'aucuns me reprochent mon « sale caractère » ; une chose est sûre : nous avons suffisamment de tempérament l'un et l'autre pour reconnaître nos points forts comme nos entêtements ! Avec le cerf nous avançons sur un fil et il n'est pas question d'entamer sa confiance pour économiser une journée de travail.

Pour cette scène exigeante, on a pris des repères stricts. Le cerf les a mémorisés et travaillés durant les séances d'entraînement. Ce sont ces points de passage qui le rassurent. Plus l'exercice est complexe, plus le travail en amont doit être précis. Comme d'habitude, Lisa se colle au sprint, en lui ouvrant le passage.

Les prises s'enchaînent avec aisance. Monsieur remonte le lit de la rivière sur les talons de Lisa, il bifurque à la fourche et repart à travers le sous-bois, déjà prêt à recommencer.

À la cinquième prise, néanmoins, il jette une œillade vers son van, en proie à l'indécision. « Je rentre ou pas ? » semble-t-il penser.

Perchée sur son talus, Lisa a perçu son hésitation et le hèle, afin de l'amadouer. Alors qu'il coule un nouveau regard sur la gauche, je me décide à intervenir. Je sais qu'il en a encore dans le ventre et cela vaut de tenter le coup :

« Allez, mon grand, encore une prise, tu y retournes ! Dépêche, on y va ! »

Monsieur me fixe un bref instant, puis tourne la tête en direction de Lisa. On jurerait qu'il pèse le pour et le contre. Finalement, il repart au petit trot vers le talus. Un vrai champion !

Je lance à l'intention des autres :

« Celle-ci, cette fois, c'est la dernière ! »

Je préfère prévenir, car je ne suis pas certaine qu'ils aient capté l'importance de ce qui vient de se passer. Le cerf nous a fait une fleur, il n'est pas question de le décevoir après ça !

Le machiniste donne le clap moteur et Monsieur démarre à la poursuite de Lisa. Arrivé à la fourche, sans même faire mine de stopper, il s'engouffre dans la coulée de droite et remonte le talus pour venir se replacer devant les caméras.

« Je la refais pour la gloire », semble-t-il proclamer.

À sa façon, Monsieur est en train de nous offrir une magistrale leçon de coopération. Il fera un dernier passage, le septième, ainsi en a-t-il décidé. Pour quelle raison ? Le simple goût du jeu ? L'interaction ? L'amusement ? Une façon de nous montrer son affection ?

Quelle importance…

Il repart à fond sur les talons de Lisa, mais cette fois, arrivé à la fourche, il file sur la voie de gauche sans même marquer un temps d'arrêt et trotte droit vers l'enclos, comme un comédien pressé de rejoindre sa loge.

L'équipe est ébahie. Chacun mesure ce que Monsieur vient de donner, ce moment rare de collaboration d'un acteur avec son équipe.

Quant à moi, j'étouffe de fierté. Ce cerf est magique !

Depuis que je l'ai ramené à Sury, j'ai souvent été frappée par son incroyable allure, mais rarement autant qu'à cet instant, quand il a choisi de mener sa propre danse, pour nous.

Après l'expérience de *L'École buissonnière*, je n'ai plus jamais considéré les cervidés de la même façon. Avec Monsieur, j'ai découvert un animal puissant et d'une grâce incomparable. Au-delà de la connivence, cette rencontre a encore ouvert mon regard sur la perfection de la nature.

Envie d'avoir envie

La chanson de Johnny pourrait être mon leitmotiv en matière d'apprentissage. Si je veux qu'un animal soit bon dans une scène, je dois lui donner envie de refaire des actions en sollicitant sa curiosité et son goût du jeu.

Il est évident que tourner une scène avec un animal sauvage, c'est aller « contre nature », même lorsqu'il s'agit d'incarner son propre rôle. Cette mise en abyme qui consiste à reproduire une action innée de façon artificielle peut sembler simple aux yeux du spectateur, elle demande pourtant une préparation méticuleuse !

Pour obtenir la pleine participation de l'animal, il faut que le plaisir l'emporte sur la méfiance ou la paresse. Pour le dresseur, cela implique de connaître les limites de l'animal, de respecter son tempérament et de veiller à rester juste, ni dur ni trop laxiste.

Les animaux sentent parfaitement qui vous êtes. Ils savent votre engagement, votre honnêteté, et ils peuvent flairer un coup fourré avant même que vous n'en ayez formulé l'idée !

Les scènes d'agression illustrent très bien l'utilité d'une méthode douce. Ces attaques sont en réalité du pur chiqué. Il n'est pas question de répéter en utilisant la peur ou en flattant la hargne d'un « acteur ». Ce n'est pas l'idée que je me fais des rapports avec un animal et ce serait contre-productif, sans compter les risques à « forcer » un animal. En contraignant un prédateur à devenir agressif, on perd inévitablement sa confiance.

Au cinéma, la violence est une feinte et la caméra permet le travestissement.

Quand on voit un loup grogner dans une mimique d'attaque ou un ours la gueule béante, prêt à mordre, soit il s'apprête à recevoir une friandise, soit il joue à protéger un objet qu'on fait mine de vouloir lui dérober. Et ce n'est pas le comédien qui se tient devant la « bête enragée », mais son soigneur et grand complice. L'art du réalisateur consiste à vous faire croire qu'il est sur le point de tuer.

Partir en tournage avec un animal acteur demande pas mal de logistique et beaucoup d'anticipation. Il faut compter avec le voyage lui-même, la nouveauté des lieux, des odeurs inhabituelles, une fébrilité ambiante que les bêtes ressentent aussitôt arrivées. En tant que coach et metteur en scène, mon premier souci est de préserver leur tranquillité puisque c'est de leur bien-être que dépendra la réussite des scènes.

Un plateau de cinéma n'a rien d'un environnement idéal. Il y a une petite foule qui s'agite – très différente des touristes disciplinés de Sury ! –, les machinistes, les caméramans, les acteurs humains, un réalisateur occupé à tout gérer, son chef op', la script, leurs adjoints, bref des gens très affairés dont le temps est compté. Leurs préoccupations n'ont pas grand-chose en commun avec celles des soigneurs, même si le but est le même : fabriquer un beau film.

L'agitation crée du vacarme et suscite des tensions que les animaux perçoivent avec acuité. Hormis les acteurs confirmés, ils n'ont jamais été habitués à un tel voisinage et c'est justement à cet instant qu'on peut estimer le travail effectué pendant les répétitions, ainsi que la profondeur du lien qui s'est noué.

Afin qu'un plateau « contre nature » devienne un espace assez confortable pour que les animaux jouent, l'équipe doit respecter le moment de l'animal, et ce n'est pas toujours simple à faire entendre quand on est concentré sur la prise de vue idéale… Les techniciens ont des impératifs de lumière, de son, de placement, le réalisateur doit avancer vite et bien – un jour de tournage coûte cher et le calendrier est serré –, les comédiens s'échinent à trouver le ton juste. Quant à moi, je dois veiller à l'humeur de mon acteur, évaluer son rythme et piquer son envie de refaire l'action minutieusement répétée ; c'est une estimation subtile mais essentielle car il n'est pas question de le contraindre à « attraper » la séquence de trop. Contrairement à un

Fabrice Luchini ou à un Jean Dujardin, on ne peut pas exiger d'un animal qu'il répète inlassablement une action. Pour lui, ce n'est pas la carrière ni la discipline qui prime mais le plaisir du jeu. Lors des répétitions, nous avons mis en place une chorégraphie rigoureuse, encore faut-il que les prises ne s'éternisent pas.

Parfois, il faut accepter de recommencer le lendemain.

Après tant d'années, je suis toujours émerveillée par cette énergie très particulière qui pousse un animal à réussir une scène patiemment répétée.

Souvent, comme avec Monsieur sur *L'École buissonnière*, ce sont les animaux eux-mêmes qui manifestent la volonté de repartir pour un tour, alors qu'ils sont visiblement fatigués. On dirait qu'ils captent la magie singulière du cinéma, cette fébrilité à décrocher la bonne prise, entre jeu et défi.

L'évidence saute aux yeux. Ils aiment se retrouver face à l'objectif.

Mais, sur un plateau, les animaux sont aussi soucieux de leur espace vital – ce que nous appelons la distance d'intimité – et ce qu'ils donnent, ils le font de bon gré. Les chats, par exemple, vont bien plus volontiers vers ceux qui restent neutres, voire indifférents. Cette neutralité est la garantie de leur intimité. Un bon « dresseur » sait qu'on n'oblige pas un animal à tourner. Forcé, il ne donne rien, ou de façon si fausse que cela n'a guère d'intérêt.

À quoi tient ce goût du jeu ?

Avec certaines espèces, cela relève du plus grand mystère...

En 2005, on me contacte pour le prochain *Mister Bean*. L'action se déroule dans le sud de la France, et je suis chargée de dégotter une bande de volailles. Jusque-là rien de bien compliqué, toutefois je dois aussi entraîner une poule à une course-poursuite – elle menant la danse, Rowan Atkinson à ses trousses !

L'idée de travailler avec des gallinacés me laisse assez dubitative, mais après tout, ce ne sera pas la première fois que je fonctionnerai à l'instinct.

En pénétrant dans le poulailler où m'attendent cinq cents poules rousses, ma perplexité ne tarde pas à virer au scepticisme. Pour choisir mes futures actrices, j'ai pensé à me munir d'une feuille de salade qui fera office d'appât. Autant dire que j'ai l'air assez ridicule, surtout quand je me mets à l'agiter sous le bec des emplumées, toutes plus obtuses, indifférentes et piailleuses les unes que les autres. Autant remuer une botte de foin en espérant y dénicher une pépite !

Au bout d'une heure de piètres tentatives, je finis par en sélectionner une cinquantaine au pif, que je ramène à la maison, dans un enclos du jardin reconverti en poulailler. Qu'est-ce que je vais bien pouvoir fabriquer avec elles ?

La scène principale exigée par Steve Bendelack, le réalisateur, me paraît subitement totalement surréaliste à réaliser.

Je la lis et la relis, essayant d'imaginer le petit truc qui inciterait un poulet à se lancer dans une course folle. Le scénario est explicite : lors de son voyage dans le Sud, et alors qu'il traverse un marché bondé, Mr Bean laisse s'envoler son billet de train, lequel finit sa trajectoire collé à la patte d'un gallinacé. Tandis que le comédien s'efforce de le récupérer, la petite poule s'échappe à travers la foule, passe une série d'obstacles avant d'être remise en cage puis chargée dans un camion (camion que le comédien prendra en chasse à vélo…). Le plus dur, hélas, n'est pas le parcours. Afin de compliquer ce défi déjà fou, le réalisateur tient à tourner la poursuite en un seul plan séquence ! J'ai donc deux mois pour transformer ces volatiles turbulents en missiles de compétition.

À force d'épier mes pensionnaires, il me semble quand même percevoir de subtiles différences et quelques tempéraments plus affirmés, des nuances impossibles à discerner dans la pagaille des cinquante ! Comme toujours avec les animaux, pour peu qu'on s'intéresse à eux on repère vite les personnalités, et c'est également vrai avec mes petites rousses.

En 2005, nous sommes en pleine grippe aviaire, c'est pourquoi j'ai l'idée de composer deux lots parmi mes trente meilleures poules. Si par malheur l'une d'entre elles tombait malade, elle contaminerait les autres. Avec deux groupes, je limite le risque de moitié. Dans la foulée, poussée par une bienheureuse intuition, j'établis deux signaux d'appel différents : le premier groupe sera entraîné à répondre au sifflet, le second au bruit de casseroles entrechoquées.

Quitte à frôler le divorce avec mon mari, je sélectionne de nouveau cinq poules prometteuses que j'embarque à la maison. Elles pourront s'ébattre de la cuisine au salon sans entraves. La méthode est radicale, mais si je veux comprendre quelque chose à l'âme gallinacée, c'est encore la meilleure façon de nouer un lien privilégié !

Le résultat dépasse mes espérances. Ravies d'être chouchoutées, mes pensionnaires se révèlent curieuses, malignes et très gourmandes. Et quand je leur présente un morceau de viande plutôt qu'une feuille de laitue, le succès est total ! Elles se déchaînent et courent à toute blinde derrière l'irrésistible appât. Bientôt, sur mes cinq machines de guerre, une petite poule se détache nettement du lot. C'est la plus sensible au contact humain, la seule qui répète l'exercice à la demande. Ce sera donc ma star, notre « poule-ticket » comme nous la surnommerons dans l'équipe pour la distinguer des autres.

Pour autant, je n'oublie pas le reste de mon écurie et nous travaillons d'arrache-pied jusqu'à obtenir un résultat relativement homogène.

Le problème des candidates résolu, je dois réfléchir à la logistique. À cause de cette fichue grippe aviaire les déplacements sont interdits, sauf dérogation, que nous obtenons après moult négociations. Je choisis de terminer l'entraînement sur le marché du village voisin de celui où aura lieu le tournage. De cette façon, mes actrices vont pouvoir galoper en situation…

À présent que les poules courent à la demande, je dois réfléchir à leur trajectoire complexe. Comment les diriger en finesse ? D'après le script, je sais que la caméra doit filmer à hauteur de poule, il sera donc difficile de tricher… L'idée jaillit, bête comme chou. Une voiture téléguidée ! Je n'ai qu'à y accrocher leur friandise favorite – un morceau de viande – et elles s'empresseront derrière. Ce sera bien plus pratique pour se faufiler dans une foule de chalands et surtout beaucoup plus crédible !

Steve Bendelack est très satisfait de l'avancée des répétitions, mais il voudrait que la poule-ticket démarre comme un boulet de canon au milieu d'un groupe de ses congénères qui devront rester statiques. À cet instant, je comprends que l'utilisation de deux signaux va s'avérer très utile : il suffit que je mette ma championne éduquée au sifflet parmi quatre poules « casseroles ».

Le rendu est d'un naturel absolu ! La petite rousse jaillit, laissant sur place ses compagnes parfaitement indifférentes au sifflet. Il ne reste plus qu'à combiner l'intervention de Rowan Atkinson à la seconde près, en espérant que tout se déroule aussi bien qu'aux répétitions.

Le jour du tournage, je mesure l'ampleur du pari. La place du marché est bondée de figurants, encombrée d'étalages et de piles de cageots, sans compter l'équipe technique. Durant les deux premières prises, ma poule se rode gentiment. À la troisième prise, elle cavale à toute vitesse derrière la petite voiture. Pour appuyer son élan, je la stimule à coups de sifflet, en veillant à rester dissimulée derrière les étals pour éviter qu'elle ne me fonce dessus en zappant une partie du parcours. Mr Bean la talonne, mais elle pourrait avoir un train aux fesses, ma petite rousse s'en fiche, uniquement concentrée sur le sifflet. Elle zigzague, tournant brièvement la tête de gauche à droite, traçant le long d'un étal, traversant un tas de paniers, le cou tendu en avant dans l'espoir de m'apercevoir, les ailes à demi dépliées. Brusquement, après avoir esquivé deux figurants, elle marque un arrêt totalement imprévu. Son hésitation est palpable, on dirait qu'elle réfléchit, pesant le pour et le contre avant de reprendre sa course, droit sur moi.

Cette demi-seconde improvisée fait toute la différence et Steve Bendelack ne s'y trompe pas. À l'écran, ce n'est pas un animal dressé qui apparaît, mais une petite poule habitée par une préoccupation urgente.

Évidemment cette prise sera la bonne !

Apprendre la bête pour réapprendre l'homme… Redécouvrir notre espace vital et respecter l'individu qui nous fait face, voilà une des leçons que l'animal nous enseigne. Je crois que nous avons tous en nous la capacité de « parler » la langue sauvage, simplement la plupart des hommes l'ont oubliée. Cachés derrière la grille des mots – ce langage civilisé alourdi de faux-semblants –, nous avons perdu le pouvoir instinctif de voir, de sentir et de communiquer en profondeur.

Quand je me retrouve dans un groupe – en réunion de production, par exemple –, je scanne instinctivement les énergies. Je devine d'emblée qui est le leader, qui est mal à l'aise et qui me causera des problèmes ; parce qu'il tient absolument à montrer son pouvoir et que je représente une menace ou parce qu'il ne me « sent » pas, même s'il n'en a pas encore vraiment conscience.

Ce flair-là vient tout droit de notre part animale, bien enfouie.

Pour ma part, je n'hésite jamais. Face à un « mauvais leader » (mauvais, car il veut s'imposer pour de mauvaises raisons), je ne me pose pas trente-six questions, je le sèche dès le départ, cela évite de perdre du temps et de l'énergie. Cette manière d'agir, je l'ai vue à l'œuvre chez les prédateurs, notamment chez les loups qui vivent en horde. La seule différence, c'est que j'enrichis cet instinct du pouvoir du langage.

En général, c'est amplement suffisant pour calmer les petits chefs.

Trollus

Genre : Renard
Naissance : Printemps 2013. Vit avec Louloute, née en 2014.

Trollus est récupéré après une chasse où sa mère a été abattue. Le renardeau a été élevé au biberon. Son nom vient de son allure de troll. Vif, curieux, ce petit renardeau est très stable et il présente un sacré tempérament. Contrairement à la plupart de ses congénères, trop farouches, il se montre sûr de lui, assez pour trouver du plaisir à jouer devant les caméras, malgré l'équipe de tournage.
C'est un acteur confirmé spécialiste de l'action sur les plateaux. Trollus montre une tranquillité assez déconcertante chez un renard. Exception ou pas, il démontre combien le caractère et l'apprentissage démentent les généralités d'une espèce !
En dépit de sa nature zen, il déteste néanmoins être au régime et la frustration peut le rendre agressif. Il exige d'être nourri le premier, faute de quoi il est capable de mettre une peignée à sa colocataire.

Contrairement à son compère, Louloute se montre douce et craintive. Son caractère introverti lui vient probablement des soins reçus pour une leptospirose, alors qu'elle n'était qu'une minuscule renarde. Elle se montre tendre avec ceux qu'elle connaît.

CV

Cinéma
Belle et Sébastien, de Nicolas Vanier, 2013
L'École buissonnière, de Nicolas Vanier, 2017
Les Vétos, de Julie Manoukian, 2019

Autres
Publicité pour le site de rencontre adopteunmec.com

Trouver sa voie

De retour des États-Unis, je bosse un temps pour une boîte de vins et spiritueux en tant qu'attachée de presse. J'ai vingt-deux ans, je n'aime guère la hiérarchie mais on me fiche une paix royale, je suis autonome et le métier est plutôt agréable. J'organise des événements ou des soirées VIP, j'y croise Pavarotti, des gens du show-biz, des industriels, des pubeux, le joyeux monde de la nuit.

Au bout de quelques mois, pourtant, je ne tarde pas à me sentir comme un hareng dans une boîte. À l'époque, je vis en colocation dans le XVe arrondissement de Paris, flanquée de mon fidèle Oban et d'une chienne blessée que je viens de sauver de l'euthanasie à la SPA. Diva est une mâtin de Naples débonnaire mais assez encombrante et je me vois mal continuer à loger dans un appartement avec mes deux mastodontes. C'est le déclic qu'il me fallait, l'excuse parfaite pour quitter Paris et ce travail qui ne me convient plus. J'en ai fait le tour et il me manque quelque chose, je le sens dans mes tripes.

Je décide de louer une fermette avec un ami qui possède quelques chevaux. Puisque j'ai, à présent, toute la place du monde, j'achète un nouveau mâtin de Naples, un chiot que je paie une fortune vu l'état de mes finances. Je m'en fiche, je signe dix chèques de 500 francs de l'époque qui grèveront mon budget de l'année à venir.

À la campagne, en dépit de nos moyens modestes, je me sens libre, intrépide, et parfaitement insouciante. Patrice a ses chevaux, moi mes chiens, et peu importe si je tire le diable par la queue, on arrive à se débrouiller. Je donne des cours de dressage pour les particuliers dont les animaux posent un problème, je réalise des enquêtes pour la Sofres. En cuisine, je deviens championne de la pomme de terre dans tous ses états, la reine des patates ! Sautées avec des oignons, des lardons, du fromage, à la vapeur ou en purée, j'invente des recettes consistantes et pas chères. Nous n'avons pas de chauffage – trop coûteux –, mais il y a la cheminée. L'hiver, je prends l'habitude d'accumuler les couches sous mon anorak.

Ayant toujours rêvé d'adopter un félin, c'est avec bonheur que j'accueille Simba, une petite lionne de un mois née dans un cirque[1]. Elle vit en liberté dans la maison, au milieu des chiens, et je la trimballe partout avec moi. À six mois, Simba est déjà aussi grande qu'un labrador.

1. À l'époque, la législation concernant la détention d'espèces non domestiques était beaucoup plus souple qu'aujourd'hui.

La rumeur ne tarde pas à se répandre jusqu'à la mairie du village. On me demande ce que je compte faire pour garantir la sécurité des citoyens. Afin de calmer le jeu, je décide d'aller présenter ma bête à monsieur le maire. Qui pourrait résister à Simba ?

Je débarque en Renault 5, la lionne assise à côté de moi – elle adore ça ! Je lui mets sa laisse et nous pénétrons tranquillement dans les locaux municipaux. Dans ma naïveté, je suis convaincue que ces présentations suffiront à rassurer tout le monde.

Je me trompe. Le maire s'agace, s'emballe et le ton monte entre nous. Je suis jeune, excessive et j'ai du mal à comprendre les a priori, si bien que je le prends de haut car je pense à l'appui de « mon ministre ». Alain Calmat, ancien ministre des Sports, m'a confié le dressage de son boxer. À l'époque, j'ai déjà la réputation de savoir y faire avec les cas compliqués, les peureux, les têtus ou les repris de justice, comme je les appelle. Puisque le maire ne veut rien entendre, l'intervention de cet homme d'envergure suffira sûrement à débrouiller le micmac.

Alors que je m'apprête à claquer la porte, je m'aperçois que Simba m'a plantée là, devant l'édile furieux. La lionne s'est faufilée par la porte mal fermée et a pris un escalier pour atterrir dans la salle de réunion. Nous la découvrons vautrée dans le fauteuil du maire, en train de déchiqueter les accoudoirs.

Autant dire que notre passage n'est pas un franc succès !

Le jour suivant, j'appelle Calmat pour lui raconter mon petit accrochage. Il se charge aussitôt de doucher mes espérances, non sans me donner une leçon de civisme au passage : un maire est maître en sa commune, personne, pas même le président de la République, ne passe au-dessus !

Durant quelques mois, j'arrive à maintenir le statu quo, mais la guerre d'usure finit par avoir raison de ma détermination. Le lieu où je vis n'est pas vraiment adapté aux besoins d'un animal sauvage devenu adulte… Je me résous donc à confier Simba à un ami animalier qui possède de vastes enclos. J'ai beau pleurer toutes les larmes de mon corps, je sais qu'elle sera bien là-bas.

Simba meurt quelques mois plus tard d'un mal neurodégénératif au nom tristement poétique : la maladie des étoiles.

Cela fait un an que je suis installée à la campagne quand je fais une rencontre qui change le cours de ma vie professionnelle. Ce jour-là, je me rends à une exposition canine dans l'espoir de rencontrer des chiens-loups tchèques ; il s'agit à l'époque d'une race émergente dans le paysage cynophile et qui a pour particularité d'être issue du croisement entre une louve et un chien. Je suis fascinée depuis toujours par les grands prédateurs et bien évidemment le loup est une espèce emblématique. Je demande des renseignements au sujet de cette race à un ami, qui fait partie des organisateurs de l'exposition. Il me désigne Michel Flaesch qui s'avère être dresseur pour le cinéma et qui s'intéresse aussi à cette race.

L'homme est sympathique, d'un abord facile. Il me parle de son travail et m'invite chez lui puisque j'ai l'air tellement passionnée.

Cette visite sonne comme un coup de foudre : ce métier est fait exactement pour moi ! Il regroupe tout ce que j'aime, les animaux, le cinéma, l'absence de routine, le défi humain, la variété des tâches et une approche technique et créative de la mise en scène animalière !

Je viens de trouver ma voie. Nous sommes en 1988.

Une histoire de sentiments

Je donne souvent l'image d'une battante multitâche qui mène sa vie rondement, une hyperactive comblée par le flux des sollicitations. Parfois je m'en amuse, parfois je me dis que moi et mes projets sont fous : les lodges, tentes ou cabanes qui ont surgi dans le nouvel espace parmi les loups, ce nouveau spectacle nocturne que j'imagine déjà et un voyage au pays des éléphants...

Ce matin, mon emploi du temps ressemble à un casse-tête. Je dois réfléchir au partenariat avec la Région, j'ai un film à évaluer – le troisième ce mois-ci – et une vingtaine de messages en attente. Sans compter qu'il faut assurer la bonne marche de Sury, les Rendez-vous en Terre animale (qui permettent à des visiteurs de dormir à Sury et de rencontrer nos pensionnaires), réfléchir à la manière de combiner les tournages et décider qui mettre à la tête de chaque équipe, gérer les cours d'équitation de ma fille, penser aux commandes à passer, aux travaux à prévoir, tout ça me donne le sentiment d'être sur une corde raide. Les journées sont vraiment trop courtes pour y glisser quoi que ce soit en plus, et pourtant, j'entasse, j'accepte un nouveau scénario, un rendez-vous de dernière minute, parce que je ne sais pas dire stop. Pour moi, une bonne journée est forcément pleine à craquer. Reculer, patienter, tout ce qui peut paraître raisonnable équivaut à une forme de mort. Je fonctionne à l'adrénaline assortie d'une bonne dose de passion.

Il suffit pourtant que je me tienne devant une bête et tout s'apaise, le tourbillon ralentit, je reprends ma place. L'animal n'est jamais là à moitié, même quand il fait mine de vous ignorer, et je lui dois cette même qualité d'attention sans réserve.

C'est encore plus vrai avec les prédateurs. Les panthères, Arun et Tchandra, me sentent approcher et déjà elles se mettent à tourner, les narines frémissantes. Notre face-à-face gomme le monde alentour, ma voix se module dans les aigus, mon corps devient plus souple, prêt à entrer dans la danse, fondu dans son élément. J'imagine que les plongeurs éprouvent la même chose en s'immergeant dans l'océan. Cela peut paraître curieux parce qu'il ne se passe rien d'exceptionnel, tout tient à la présence ou plutôt la qualité de la présence. Je pénètre dans l'enclos, les sens parfaitement aiguisés. Les préoccupations de la matinée disparaissent, mes petits bobos, mes doutes, mes impatiences et ma fatigue, tout cela s'efface.

Les deux félins ronronnent et miaulent, avides de m'accaparer, ils lèvent leurs grosses pattes, se suspendent à mon cou et tentent de m'entraîner dans des roulades énamourées sans se soucier de mes 60 kg qui ne font pas le poids ! Attentive à la joie qui palpite entre nous, je roucoule avec eux, je scande leurs prénoms. Doucement, je me dégage de façon à m'assurer un appui, juste assez pour garder le contrôle. Mes gestes restent ronds et précis, même dans le jeu le plus débridé. Ils savent que je suis leur petite mère humaine, celle qui enseigne, soigne et câline, néanmoins, une part de moi se tient à distance, observatrice, en alerte. Si, de l'extérieur, on ne voit que jeux et cajoleries, en réalité je veille !

Tchandra s'éloigne un peu, bonne fille, et Arun en profite pour se dresser de toute sa hauteur, les pattes sur mes épaules. Il feule de contentement. Je reçois son haleine chaude dans la figure, je ne cherche pas à me défiler, surtout ne pas feinter, ma belle panthère le sentirait aussitôt, elle me câline mais demeure imprévisible. Je sais cela absolument, sans peur mais sans naïveté non plus.

Il n'y a pas de triche possible face à un animal sauvage, pas de faux-semblants ni d'hypocrisie. Dans la nature, les masques sont inutiles, pire, ils vous encombrent ! C'est peut-être ce qui me touche le plus profondément chez les bêtes. Les animaux ne laissent pas d'autre choix que d'être soi-même.

Je pense aux confidences de certains visiteurs à Sury, qui me disent ressentir de la nostalgie en découvrant mon domaine. Est-ce la part de paradis perdu que nous avons oubliée, coincés dans nos villes, poussés à des excès qui nous éloignent de nous-mêmes ?

Fondamentalement, le lien à l'autre m'intéresse. Avec un prédateur, ce rapport est encore plus puissant, immédiat. Pourquoi l'ai-je éprouvé si tôt et si violemment ? Pour fuir mes douleurs, mes tristesses, mes angoisses d'enfant ? J'ai été façonnée par mes parents, par mon environnement mais aussi par mon amour de la nature. Son mystère, ses lois, son imprévisibilité convenaient parfaitement à la gamine que j'étais. Je n'ai jamais voulu la tailler à ma mesure, je voulais la voir et la comprendre pour la vivre intensément.

Aujourd'hui encore, malgré l'âge adulte et mes responsabilités, je sais que l'enfant sauvage subsiste toujours en moi.

Colette

Genre : Vache
Naissance : À la ferme. Arrivée dans l'Oise en 2012.

C'est près du tournage de Belle et Sébastien *que j'ai repéré cette belle laitière brun et blanc. Nicolas Vanier avait choisi une vallée en Haute-Maurienne pour son film, et nous devions tourner durant les quatre saisons.*
Quasiment à chaque fois que je me rendais sur le plateau, je passais devant une ferme et j'apercevais un homme menant ses vaches à la voix, en patois savoyard. Je n'ai pas tardé à sympathiser avec lui. J'aimais bien ses manières et puis j'avais assez envie de ramener une nouvelle pensionnaire à la maison, parmi mon arche de Noé. Quand je lui ai proposé de lui acheter une bête, le paysan m'a sans doute prise pour une originale, ce qui n'était pas si étonnant puisque je faisais partie de l'équipe « du cinéma », autrement dit une bande d'hurluberlus. L'idée le faisait beaucoup rire et cela avait rapidement tourné à la plaisanterie.

Durant deux saisons, je suis revenue à la charge et finalement, septembre venu, il m'a dit oui. Ravie, j'ai décidé de baptiser ma brunette « Colette » et je l'ai emmenée à la fin de la session d'automne. Son nouveau lieu de vie a dû lui apparaître comme un petit paradis. Elle sortait au pré, il y avait abondance de foin et de céréales dans son box, et on la traitait comme une reine.
Le mois suivant son arrivée, Colette a participé à son premier long-métrage. Elle qui n'était jamais descendue de sa montagne s'est retrouvée sur un plateau parisien, dans le décor d'un salon reconstitué. D'un naturel confondant, on aurait juré qu'elle avait fait ça toute sa vie !
Après cette première expérience, elle a multiplié les tournages : pubs, films, clip, elle a été l'égérie de Ouigo et celle de Milka. À cette occasion, évidemment, nous avons dû la teindre en violet. Dans ces cas-là, nous utilisons toujours un produit non toxique qui convient aux humains comme aux animaux.
De retour de tournage, j'ai voulu faire une blague à mon voisin éleveur de bovins qui avait tendance à lever sérieusement le coude, en laissant ma comédienne dans son pré. À son réveil, quand il a aperçu une vache violette en train de paître tranquillement, mon ami s'est juré de ne plus boire une goutte. J'ignore si sa cure a tenu longtemps mais l'espace d'une publicité, j'aime à penser que Colette a été la sainte patronne des abstinents !
Lors de notre emménagement à Sury, Colette a vécu en bonne intelligence avec les dromadaires, partageant avec eux le gîte et le couvert.

En 2019, j'ai fini par la mettre en pension chez Roger, un ami paysan à la retraite. Je souhaitais que pour ses vieux jours elle renoue avec l'univers de la ferme. Un soir de décembre, Roger l'a trouvée gisant sur la paille. Son cœur avait cessé de battre.
Une bien belle mort pour une vache singulière.

CV

Cinéma
Chant d'hiver, d'Otar Iosseliani, 2015
Rémi sans famille, d'Antoine Blossier, 2018

Télévision
Karambolage (émission Arte)
Publicité Ouigo, 2018
Publicité Milka
Publicité Pizza Hut
Dans l'appart, clip de Jul, 2015

Monstres sacrés

Le milieu du cinéma est un microcosme où l'on croise toutes sortes de gens : des ego déconnectés, des personnalités extraordinaires, des excentriques passionnés, des artistes habités par une vision ou des petits chefs soucieux de leur pouvoir, de grands maîtres, des comptables et quelques humanistes.

Cela fait deux ans que je travaille avec Michel Flaesh – Michel m'a proposé de collaborer avec lui dès notre première rencontre – quand il m'envoie avec un duo de jack russell sur la Côte d'Azur, pour le tournage d'un film de Jim Kaufman. *A Star for Two* (Une étoile pour deux) n'est sans doute pas resté dans le panthéon des films cultes, mais son principal mérite a été de réunir Lauren Bacall et Anthony Quinn.

Peu de choses m'impressionnent, même à vingt-cinq ans, pourtant quand j'apprends que je vais rencontrer ces deux monstres sacrés d'Hollywood, j'éprouve une excitation de gamine. Ma mère aurait adoré me savoir en leur compagnie ! Celle de Lauren Bacall, surtout… Ce mythe vivant de femme fatale sera-t-il à la hauteur de sa légende ?

Le jour de son arrivée, tout le monde est en effervescence. Mme Bacall ne mange que bio, Mme Bacall aura besoin de son eau minérale, à quelle heure doit-on attendre Mme Bacall ? Et les fleurs pour la loge ? Et M. Quinn ?

La première chose que j'aperçois, c'est sa jambe jaillissant d'une somptueuse limousine. Le corps suit, déroulé dans un mouvement souple de danseuse de tango. Lauren se fige un instant, toise le comité d'accueil – l'équipe du film au grand complet –, puis esquisse un sourire. Elle a soixante-six ans et elle rayonne de féminité. Une femme faite reine. Époustouflante.

À cet instant, je comprends pourquoi on l'a surnommée « The Look ». Miss Bacall a des yeux de serpent, d'un vert incomparable et d'une intensité propre à pétrifier. Serpent ou Méduse, nous sommes tous bouche bée devant l'apparition.

Le tournage se déroule sans accroc. En bons Américains, Bacall et Quinn se montrent ultraprofessionnels et d'une politesse distante. Chaque jour, un chauffeur est chargé de les conduire de leur hôtel à la villa où se tourne le film, puis de les ramener pour la nuit.

J'ai beau être impressionnée par la proximité des stars, je reste vouée au bien-être de mes chiens, or cela commence plutôt mal…

« Il n'est pas question que je m'embarrasse de ça ! »

Quinn désigne le buzzer qu'il est censé dissimuler dans sa poche et qui déclenche l'arrivée du jack russell. Le vieux comédien considère que ce vulgaire truquage n'est pas digne de son statut.

Le réalisateur blêmit.

Moi, je ne me démonte pas et je réplique sur le même ton.

« Monsieur Quinn, le chien ne peut pas comprendre qu'il doit jouer s'il n'a pas un signal clair, et ce signal c'est le buzzer qui le lui donne. C'est comme ça qu'il a appris.

— Je n'en veux pas. C'est hors de question. »

L'homme ne plaisante pas. J'ignore pourquoi il s'est buté sur ce détail, mais c'est à moi de nous sortir de l'ornière puisque je suis responsable de ce bourricot de jack russell qui se fiche totalement des caprices de star.

Devant ma mine soucieuse, Quinn se radoucit un peu :

« Mademoiselle, j'ai une proposition à vous faire. Nous sommes deux sur le plan, avec le jardinier. Cet homme ne pourrait-il pas m'amener le chien ? De cette manière, je n'aurais plus besoin de votre satané "buzzer".

— Si cela va à tout le monde, aucun problème en ce qui me concerne. »

Jim Kaufman reprend vie, enchanté de la solution. Il suffira de donner l'affreux cliquet au jardinier, de modifier légèrement l'angle de la caméra et la scène est dans la boîte !

Anthony Quinn m'a désormais à la bonne, sans doute parce que je lui ai parlé sans trop me soucier de son statut de star vivante. Je suis la seule technicienne du plateau à qui il adressera de véritables saluts et quelques mots, à l'occasion.

Je suis consciente du privilège que j'ai de travailler avec des grands du septième art. J'observe le plateau, les comédiens, les techniciens, curieuse de comprendre cet univers.

Un matin, lors d'une scène qu'il tourne en fauteuil roulant, Anthony Quinn doit se montrer amer et tyrannique. C'est la première fois que j'assiste à cette plongée vertigineuse dans le jeu dramatique. L'homme poli et légèrement distant devient soudain parfaitement exécrable. Est-ce là la fameuse méthode de l'Actors Studio ou sa façon habituelle de vivre un rôle ?

Lauren Bacall, pour sa part, reste égale à elle-même, charismatique et réservée. Il suffit qu'elle vous toise de ses yeux verts pour vous foudroyer. Elle se montre également très pointilleuse sur tout ce qui touche à l'alimentation et ne se prive pas d'embêter l'équipe avec son jus de fruit bio, son eau minérale – une seule marque dédiée ! – ou la cuisine du *catering* qu'elle évalue avec une attention maniaque. Elle va jusqu'à m'interroger sur les croquettes que mangent les chiens, déjà prête à m'asticoter. Bien décidée à ne pas me laisser tyranniser, je lui rétorque gentiment :

« Miss Bacall, vous mangez ce que vous voulez, mais ne vous souciez pas de la nourriture de mes chiens. D'ailleurs, je leur donne de la viande naturelle, vous voyez ? »

Et tandis que je lui tends le sachet de croquettes, The Look se penche pour déchiffrer la composition du bœuf séché et finit par hocher la tête, satisfaite.

Qui irait imaginer La Bacall lorgnant un vulgaire menu pour chien !

Entre deux scènes, le duo se plaît à réécrire le scénario. J'ignore si c'est leur habitude, s'ils s'amusent de leur statut d'intouchables ou s'ils considèrent la faiblesse des dialogues, mais l'ambiance devient parfois électrique.

Moi, durant les moments creux, je papote avec Michel Aumont et je continue à entraîner mes jack russell (l'acteur et sa doublure).

Un après-midi, en pleine séance de répétition, je sens une présence. Assis sur un banc, Anthony Quinn est en train de m'observer. Un peu embarrassée par ce voisinage, je m'excuse.

« Désolée, monsieur Quinn, je ne vous avais pas vu.

— Je vous regardais travailler.

— Je peux aller plus loin si vous voulez être tranquille…

— Non, cela m'intéresse, c'est bien ce que vous faites ! Et si vous veniez vous asseoir… »

De la main, il tapote la place à côté de lui. Je ne me fais pas prier. Durant une heure, le vieil acteur me raconte *Zorba le Grec* et ses expériences avec les animaux au cinéma, j'ai même droit à quelques réflexions sur la vie. La star inaccessible a subitement laissé place à l'homme, et j'en suis infiniment touchée.

Ce sera un moment unique dans la folle cadence des journées de tournage.

Pour tourner la grande scène des retrouvailles, un moment clef du film, l'équipe au grand complet se retrouve sur le plateau, impatiente d'assister à la « rencontre » entre les deux légendes hollywoodiennes.

Dans la scène, Quinn vient de retrouver la femme de sa vie après quarante ans de séparation et s'apprête à trinquer avec elle. C'est *la* scène censée symboliser leur relation et qui promet d'être magnifique.

Après s'être versé une rasade de whisky, munie d'une pince en argent, Bacall doit piocher un glaçon et le laisser tomber négligemment. Cette action anodine illustre son indépendance et la façon crâne qu'elle a de se servir est une manière de proclamer : « Je suis une femme libre, je me sers moi-même mon whisky », quelque chose dans ce goût-là.

Mais la glace à peine démoulée colle à la pince et l'élégante désinvolture vire au godiche.

On refait la prise, mais rien n'y fait. Le glaçon gelé refuse de tomber malgré les efforts de Lauren qui secoue vigoureusement la pince, ce qui détonne sérieusement pour une femme à qui rien ne résiste !

Troisième prise. La tension monte bien que l'actrice demeure imperturbable. Le glaçon colle toujours mais cette fois Miss Bacall est bien décidée à ne pas se laisser emmerder.

« *Fucking ice cube* », dit-elle d'un ton inimitable tandis que, vaincu, le misérable se détache.

C'est cette scène, précisément, que le réalisateur gardera en montant *A Star for Two*.

Ce jour-là, Lauren Bacall démontre comment on peut jouer et s'affranchir des contraintes si l'on a suffisamment de talent pour « être ».

Après tout, la leçon n'est pas si différente de celles que nous donnent les bêtes sauvages.

Marsupilami ou l'improvisation magique

Mon métier d'animalière pour le cinéma me pousse à m'aventurer toujours plus loin, là où je ne serais pas allée sans l'aiguillon du défi.

Sans mes nombreux tournages, je n'aurais probablement jamais élevé une meute de loups ni découvert la farouche intelligence des biches ou la noblesse du cerf, mes « brouteurs » magnifiques.

J'ai eu de la chance de mêler très jeune ma passion des animaux à mon amour du cinéma. J'ai appris à lire un scénario et à évaluer sa faisabilité, j'ai découvert l'action de la caméra, l'importance de la lumière et du mouvement. On peut être le meilleur dresseur du monde, si l'on ne comprend pas le cinéma – le cadre et la lumière, le mouvement et l'intention –, il manquera l'essentiel, même si le comédien est réglé au millimètre. Son regard sera décalé, il sera comme absent, artificiel, trop « dressé » pour être convaincant…

Au début d'un projet, il y a toujours l'exaltation de la découverte, quelques appréhensions aussi. Lire un scénario peut paraître simple mais il ne faut pas sous-estimer cette étape déterminante pour évaluer le travail et différencier le possible de l'illusoire. Certains scénaristes n'ont qu'une vague idée de ce que signifie jouer, pour un animal. Ils intègrent leur participation comme coulant de source. Sur papier, il est facile de s'emballer en imaginant une bestiole idéale dont les actions frôlent l'irréalisable. Le défi ne me décourage pas, au contraire, il me pousse au dépassement. Je cherche la solution de l'équation, mais pas au détriment de l'animal – jamais. Je la trouve dans le déroulé de la scène, la façon d'aiguillonner mes acteurs pour qu'ils s'amusent et nous accompagnent. Il m'arrive souvent de suggérer des changements ou de glisser quelques idées qui faciliteront une scène. Dans le meilleur des cas, les résultats vont au-delà des désirs du réalisateur.

Parfois, cette exigence m'oblige à chercher des stratégies plus ou moins loufoques. Peu importe, tant que j'établis une relation équilibrée. On avance et on construit ensemble.

Arrive ensuite le moment du casting. L'élan qui pousse à choisir le bon acteur – celui qui possède ce petit truc en plus – vient avec l'expérience, à force d'observation, d'intuition et de tendresse. A priori, plus un animal est intelligent plus l'exercice sera compliqué, parce qu'un petit malin cherche souvent à jouer au plus fin. C'est de bonne guerre ! Avec l'expérience, j'ai découvert que les animaux sont des acteurs à part entière, autrement dit des partenaires de travail qu'il convient de ménager. Ils ont leurs tics, leurs aversions et leurs préférences. On ne les choisit pas seulement pour leur physique, mais aussi pour leur tempérament. Le plus beau chat du monde peut s'avérer être le pire des tocards à l'écran. Quant à faire jouer un coati ou un blaireau, mieux vaut trouver un cabotin qui s'amusera de la caméra qu'un farouche ou un bel indifférent.

Certains adorent jouer la comédie et en redemandent. C'est avec eux – des individus volontaires et joueurs – qu'on peut réaliser des prouesses, et c'est à moi de les repérer.

À la poursuite du marsupilami reste un de mes meilleurs souvenirs de tournage, d'abord parce que j'adore la patte d'Alain Chabat – c'est un réalisateur dont l'énergie vous fait pousser des ailes – et ensuite parce que l'homme est fin, brillant et respectueux des autres.

Pour son film, Alain avait besoin d'un animal emblématique de l'Amérique du Sud, un petit mammifère qui physiquement oscille entre le raton laveur et le blaireau : le coati. Quand son équipe me contacte pour me proposer le projet, je n'en sais guère plus sur cet animal, si ce n'est qu'il est quasiment impossible à dénicher en Europe.

Je dis oui, sans hésiter.

La lecture du scénario rabat vite mon enthousiasme : le script est complètement dingue ! Quand je rappelle la production, je n'y vais pas par quatre chemins, je leur demande s'ils ont fumé la moquette. Comment est-on censé réussir un truc pareil ?

Le truc, en l'occurrence, est une véritable chorégraphie qui débute du haut d'une fenêtre et finit face à un Jamel bouclé dans une cellule, le coati se la jouant ballerine-passe-muraille !

J'ai beau rouspéter, je réfléchis déjà à des combines, le défi est trop beau pour passer à côté. Au pire, si la bestiole s'avère ingérable, on pourra envisager d'utiliser un furet, beaucoup plus facile à dresser…

J'active mon réseau – les coatis sont aussi simples à trouver qu'une aiguille dans une botte de foin –, et je finis par dégotter deux bébés de six semaines dans un zoo privé hollandais. Personne ne les a imprégnés, ils ne sont pas même apprivoisés mais il n'est pas question de faire la fine bouche, ce sont les seuls petits nés en captivité que l'on me propose. Leur apprivoisement doit commencer aussi vite et je n'ai qu'une idée en tête : aller les chercher le plus rapidement possible. Or, je suis attendue sur le tournage d'un film Bollywood à Paris le lendemain. J'ai rendez-vous au Sacré-Cœur à l'aube avec un chat et des colombes. Je pars de chez moi à quatre heures du matin avec mon assistante et deux voitures.

Paris s'éveille et le spectacle est à couper le souffle. Je pénètre dans l'église silencieuse. Une nonne prie sur un banc. Je m'assieds dans un coin. Le calme m'enveloppe et ma fatigue s'envole. Je demeure là, tranquille, à savourer cet instant suspendu, loin du tumulte.

En début d'après-midi, nous avons fini de tourner et je file direction la Hollande chercher mes bébés coatis. Après vingt-quatre heures de veille, un tournage intense, un voyage épuisant, je suis de retour chez moi à quatre heures, le lundi matin. Mes deux protégés dorment comme des bienheureux. Malgré l'épuisement, je les veille encore une heure pour m'assurer qu'ils n'ont pas souffert du transport. Mon soulagement vaut bien une nuit blanche ! Les coatis sont là, le premier obstacle franchi !

À ma connaissance, jamais aucun coati n'a été dressé à quoi que ce soit, encore moins à une carrière de cinéma ! J'avance en terrain inconnu, mais je commence à en avoir l'habitude…

Après deux jours d'observation et pour renforcer l'imprégnation tardive, je fais le choix de m'occuper de Lulu, le mâle – il se montre nettement plus agité et compliqué à gérer –, tandis que mon assistante se charge de Lilou, la femelle. Ce maternage accéléré me permet de mesurer le tempérament de mon petit compagnon, ses préférences et ce qui le rebute, les points où appuyer. Cette méthode douce est déjà du renforcement positif. Le coati a beau être sauvage (en réalité il n'en fait qu'à sa tête !), il se montre aussi extrêmement sociable, intelligent et vif. Une fois qu'il m'a adoptée, il n'a plus de limites et exige une attention constante ! Un soir, il vient se glisser dans notre lit, entre mon mari et moi, pose sa tête sur l'oreiller, pousse un énorme soupir et s'endort. Comment ne pas craquer ?

Mon mari me secoue au beau milieu de la nuit. Il parle d'urine et d'excréments et l'espace d'un instant, je me demande quelle mouche le pique. Cet homme a l'art et la manière de râler pour un rien. Cette fois, néanmoins, il a toutes les raisons de rouspéter : non content d'uriner sur l'oreiller, Lulu s'est oublié au pied du lit et, en se levant pour changer d'oreiller, Patrick a mis le pied en plein dedans ! J'éclate de rire devant sa mine déconfite. Pendant que je change les draps, mon petit protégé saute partout pour manifester son ravissement, réjoui de cette agitation soudaine. Il ne perd rien pour attendre ! La chambre lui sera désormais interdite.

Je comprends vite que je suis allergique à ses poils. Tant pis ! Il n'est pas question que cela entrave le maternage, d'autant que les répétitions sont sur le point de commencer. Le médecin me prescrit de la cortisone, le temps du film. Ensuite, Lulu quittera la maison pour les enclos du parc. Il est si attachant que je l'aurais volontiers gardé chez nous.

Les répétitions débutent enfin. La scène à jouer est d'une grande complexité : Le coati doit arriver par la fenêtre, rejoindre un bureau, rafler une clef qui traîne, l'emporter sur plusieurs mètres jusqu'à une cellule de prison, patienter le temps que l'acteur – Jamel Debbouze – ait fini sa tirade et lui tendre le trousseau. Alors que chaque geste est une prouesse pour le petit mammifère, tout doit paraître naturel. Par chance, les coatis apprennent très vite. Ces animaux ont les qualités de leurs défauts : ultrajoueurs, doués d'une énergie débridée qu'il faut canaliser, ils sont curieux, agiles, intelligents et câlins.

À la maison, je décide de fractionner l'action en une succession de séquences. Cela facilitera les choses.

Pour saisir la clef et l'emporter, Lulu et Lilou doivent y trouver un intérêt, faute de quoi ils se contenteront de la tripoter avant de l'abandonner. Quelques vers à farine enfilés dans l'anneau devraient faire l'affaire. À cet exercice, c'est Lilou qui se montre la meilleure. Son frère servira donc de doublure pour les gros plans, les positions d'attente ou les jeux de regards ; en outre, il prendra la relève dès que la femelle montrera des signes de fatigue. Chacun aura son rôle à jouer.

Au fil des répétitions, nous progressons centimètre par centimètre : aller à sa place, se mettre debout, chercher le porte-clefs, le porter.

Le travail dure quatre mois, mais je finis par obtenir une suite d'actions qui se combinent parfaitement. Au cours du dernier mois d'entraînement, il se produit un petit miracle : piquée par un accès de curiosité, Lilou s'acharne sur un tiroir. Je pourrais négliger l'incident, suivre le protocole, attendre que la petite femelle retrouve son rythme de croisière et louper l'occasion, mais cette anicroche est une trop belle surprise pour la laisser filer ! Je décide aussitôt de faire répéter à Lilou son action inopinée jusqu'à l'intégrer à la séquence.

C'est ce genre d'improvisation qui a fait ma réputation.

Pour inciter la coati à ouvrir le tiroir, il suffit de glisser quelques vers à farine dedans et de le laisser entrebâillé. La stratégie marche si bien que Lilou ne tarde pas à devenir experte.

La suite va de soi. On dépose le porte-clefs et ses vers dans le tiroir du bureau, puis on reprend la scène dans le même mouvement. Je n'ai plus qu'à filmer en un seul plan séquence : une fois le tiroir ouvert, Lilou emporte le trousseau, redescend sur le sol, court vers les barreaux de la cellule où mon assistante patiente, grimpe sur un tabouret où elle marque la pause – le temps du monologue – et reprend la clef pour l'apporter sur les genoux de sa nourrice.

En recevant la vidéo de la séquence, la réaction de Chabat est immédiate. C'est un « J'achète » enthousiaste !

Pour les scènes intérieures, nous sommes attendues en Belgique dans des studios aux décors chargés. Aux yeux de Lulu et Lilou, l'endroit équivaut à un petit paradis. Imaginez nos jeunes coatis comme un mélange de Gremlins et d'enfants hyperactifs et vous aurez une idée de leur excitation en débarquant sur place. Ils s'agitent, les yeux plissés de convoitise, frétillant de joie à l'idée d'aller farfouiller dans les recoins de cet immense terrain de jeu.

Je suis nettement moins emballée qu'eux et même un peu inquiète. Pour éviter qu'ils n'aillent explorer le grand monde du cinéma, je dois absolument les garder concentrés dans l'espace où l'on va tourner, quitte à frustrer leurs envies buissonnières. Lilou connaît parfaitement le décor puisque nous avons veillé à le reproduire chez moi à l'identique.

Heureusement, notre travail de fond est solide et je tiens l'action en un seul plan séquence, quand bien même il sera saucissonné pour des raisons techniques. Quand Alain et son équipe de superpros assistent à la répétition, ils sont scotchés.

Avec Jamel Debbouze, l'entente est immédiate. J'ai été bercée par une culture pied-noire, chaleureuse et truculente. L'homme est à l'image de l'acteur, fin, délirant, affable. Il pirouette dans la vie comme sur scène avec la grâce du danseur ou du clown. Ultraréactif à l'instar des grands sensibles, il répond au quart de tour aux sollicitations de son partenaire, qu'il soit humain ou animal. Il nous en donne une démonstration magistrale avec l'entrée en scène de Lilou.

Au clap du « moteur », la petite demoiselle trottine gaillardement vers son bureau mais, au lieu de viser le tiroir du haut, poussée par la curiosité – après tout, elle a été lésée dans ses désirs d'exploratrice –, voilà qu'elle s'acharne sur le premier tiroir. Le voyant vide, elle s'attaque à celui du dessus – tout aussi vide. Pas démontée pour un sou, elle ouvre le troisième compartiment et s'empare du porte-clefs assorti de ses vers à farine, redescend comme si de rien n'était et reprend le fil de sa chorégraphie.

Dès la première seconde, Jamel comprend qu'il se passe un truc imprévu et se cale naturellement sur Lilou. Tandis qu'elle s'active, il improvise en contrechamp pour accorder son jeu au sien, il brode et la houspille dans un monologue déjanté quand elle se trompe. C'est à mourir de rire, pourtant chacun retient son souffle de peur de rompre la magie. Depuis les coulisses, on jurerait que l'homme et le petit mammifère se sont mis d'accord à l'avance pour bluffer tout le monde.

C'est fluide, drôle, sans un faux pas ni une hésitation.

Quelques années plus tard, dans une interview de *Psychologies Magazine*, Alain Chabat dira : « Ce que j'aime, c'est le grain de sable. Ce sont les erreurs, les faiblesses qui me plaisent. Sinon, il n'y a pas d'histoire, pas de film et pas d'humain. Dans le cinéma fantastique particulièrement, j'adore le ratage de l'équation cosmique, l'ange qui merde. »

À l'ange qui merde, j'ajouterais volontiers ces drôles de bêtes qui jouent à vivre…

La rampe, un matin ordinaire

Alors que l'aube pointe à peine, une lueur qui embue le ciel, le coq s'ébroue et va se camper sur une butte. Ses cocoricos stridents scandent la lente montée du jour. À quelques mètres, les panthères rêvent, indifférentes à ce réveil au clairon. Plus loin, les loups redressent brièvement le museau avant de replonger dans le sommeil. Sous sa lampe chauffante, Lulu, le coati, ne tressaille même pas.

Les animaux savent qu'il ne sert à rien de s'agiter, les hommes viendront plus tard. Odeurs de paille et de terre humide, d'excréments et de sable. Bouffées du vent chargé de relents de goudron. Les trilles d'une tourterelle, le grondement sourd d'un moteur. Bruits familiers qui bercent leur repos.

À huit heures trente, la voiture de Lisa pénètre dans le parking. La soigneuse ne prend pas le temps de boire un café, pas avant d'avoir fait le tour des animaux. Elle pourrait s'accorder cette pause avant de commencer, mais c'est plus fort qu'elle, elle a besoin de vérifier que tout le monde va bien. Avec ça, il manque un stagiaire qui la soulage de la corvée de nettoyage, tant pis, de toute façon elle ne compte jamais ses heures.

À son approche, les chiens se déchaînent. Ça jappe et ça saute, de vrais yoyos, quêtant une caresse. « Hey, Bony, Fripouille, un peu de patience ! » Elle salue à la volée la douzaine de pensionnaires déchaînés et pénètre dans la « cuisine », un genre de grand container où l'on prépare les gamelles. À l'intérieur, tout est nickel, on pourrait presque manger par terre. Au-dessus des congélateurs, un tableau des menus détaillé, un évier, des placards. La viande mise à décongeler la veille au soir n'a plus qu'à être partagée entre les carnivores. Le temps de disposer les gamelles et Marine arrive. À Sury, l'alimentation reste un des postes essentiels de dépense, avec la santé. Toutes les bêtes disposent d'un régime de compétition : les cerfs mangent du Lambey, spécialiste de nutrition équine, les carnivores du BARF[1], et tous sont complémentés selon leurs besoins, mieux qu'un service hospitalier ! Un grand tableau indique les rations de chaque pensionnaire. Les fruits et les légumes à volonté

1. Le BARF est un régime alimentaire pour les animaux. L'acronyme est en anglais pour « Biologically Appropriate Raw Food », autrement dit, une nourriture crue biologiquement appropriée. Cela consiste à donner une alimentation la plus naturelle possible sans ajout de compléments ni de céréales.

pour Nac, le ragondin, les granulés pour les pigeons, les poulets pour les loups, les doses de croquettes pour les chats, les vers à farine pour les corbeaux et le raton laveur, les chips de banane pour Lulu et Lila…

Ce matin, Marine commencera par les chenils et la chatterie. Après le nourrissage et le petit ménage des enclos, elle promènera deux ou trois chiens, ils sortent en alternance quand ils n'ont pas d'entraînement.

Elle s'occupe enfin des deux rampes, intérieure et extérieure, où vivent les animaux sauvages. Chacune nécessite une heure de travail.

Poussant le chariot des gamelles, Lisa déverrouille l'accès au couloir qui donne sur les dortoirs des fauves. Le rituel les tient en haleine. Elle flatte, chouchoute, opère un rapide état des lieux, vérifie les verrous – il est arrivé qu'un petit malin s'attaque au système de fermeture des enclos –, elle les connaît si bien qu'il lui suffit d'un coup d'œil pour évaluer leur état. Certains ont leurs humeurs ou une baisse de tonus, d'autres réclament son attention quand elle entreprend de nettoyer les déjections. La tournée commence par la femelle raton laveur.

Meïki suit les opérations avec ravissement. Elle est d'une propreté qui confine à la maniaquerie. Lisa lui tend sa pomme de pin qui a roulé derrière une caisse, c'est son jeu favori, l'équivalent d'un Rubik's Cube pour un gamin. Pendant que le raton laveur s'escrime dessus, Lisa change le foin de sa couche, dispose les fruits, puis lui tend ses « bonbons » – une poignée de croquettes – et un morceau de quatre-quarts. Avant, Meïki se jetait dessus, mais elle a compris qu'en le gardant pour la fin elle faisait durer le plaisir.

Les loups sont déjà sortis dans l'enclos extérieur. Ils seront nourris plus tard.

C'est au tour des coatis. Visiblement enchantée de la visite, Lola se précipite à l'assaut de Lisa. La petite femelle a remplacé Lilou, après sa mort. Elle tournicote, fait des mines et attrape la main de Lisa entre ses doigts minuscules.

Agacé par le remue-ménage, Lulu relève le nez, sans toutefois daigner bouger d'un centimètre. Le vieux coati a tout d'un papy ronchon et passe sa journée à se dorer la pilule sous la lampe chauffante. Parfois il s'oublie, et on doit le déloger de son lieu favori pour nettoyer ses déjections. Lila se contente des places vacantes, moins douillettes. Leur dortoir est en désordre, le sol plein de sciure. Les coatis ont beau être de la famille des ratons laveurs, contrairement à leurs cousins maniaques, ce sont des as du bordel !

« C'est la femme de chambre, ne vous dérangez surtout pas ! »

Lisa maugrée pour la forme, balaie et change l'eau du biberon (une gamelle est exclue, ces petits cochons seraient capables de déféquer dedans) puis remplit la mangeoire avant de prendre congé.

Dans l'enclos suivant, les aras s'empressent de la rejoindre. Rackham le Rouge, le solitaire du trio, crapahute sur sa corde mais se fait prendre de vitesse par Mony – contraction de Money-Penny. Celle-ci veut être servie et chouchoutée la première ; elle est jalouse comme un pou et se fait inévitablement rembarrer à cause de son sale caractère. James est à l'opposé, patient et proche de l'homme. Lisa roucoule avec chacun d'eux en veillant à partager équitablement ses attentions.

Plus loin, les blaireaux Ouin-Ouin et Oui-Ouine se roulent dans le tas de foin que Lisa vient de placer dans leur cabane-dortoir. Pendant que sa compagne batifole, le mâle emporte une brassée qu'il traîne consciencieusement le long de son enclos comme une serpillière. Il accomplit ce circuit chaque jour avec le sérieux d'un pape. Ensuite, il gratte la sciure fraîche, pattes avant puis pattes arrière, racle l'abreuvoir, saute sur la grille et l'escalade avec une agilité de singe, désescalade, court à son lit, exécute des bonds d'acrobate et gratte encore le sol, tout à la joie de se faire remarquer.

L'enclos d'après est occupé par Ria, la femelle lynx. Lisa n'a pas plus tôt mis un pied dans le box que le moteur se met en marche, un ronron caverneux qui remonte du fond de la gorge. Grimpée sur la plateforme, la féline pousse la tête contre son flanc pour avoir un câlin. C'est chaque fois le même cérémonial : des grattouillis derrière les oreilles, sous le menton, les mots doux, elle n'en a jamais assez. Quand Lisa se décide à balayer, Ria continue de se frotter contre ses jambes.

Les gestes s'enchaînent, toujours les mêmes, vérifier, balayer, changer l'eau, déposer la gamelle pleine. Chaque visite exige la même concentration, la même dose d'attention, les mêmes gestes de tendresse et les mêmes mots doux. Les animaux comprennent beaucoup de choses pourvu qu'on soit juste. Chacun réclame son dû. Trollus et Louloute, les renards, Arun et Tchandra, les panthères, qui trépignent d'impatience, les loups qui somnolent dehors en attendant d'être nourris.

À la maison, je suis au téléphone avec une association qui s'occupe de la réinsertion de chômeurs de très longue durée. Je vais avoir besoin d'une équipe pour finir de nettoyer le bois où seront installées les futures tentes de mon campement. Je n'ai pas beaucoup de temps, le vétérinaire doit passer voir un cheval qui boitille. Les cygnes noirs piaillent à la porte dans l'espoir qu'on les fasse entrer.

Arthur

Genre : Mouton
Naissance : En 2013. Vit en compagnonnage avec Wendy, une femelle lama.

Au début de l'année 2013, on me contacte pour une campagne de pub – des veilleuses pour enfants. L'équipe souhaite avoir un agneau sur le thème « le chaperon rouge sans le loup ». Problème, je n'en ai pas dans mon cheptel, pas même un mouton. De ces animaux, je connais surtout leur réputation de bourrin.
Je demande à mon voisin s'il peut me dépanner. Roger fait partie de ces gens toujours prêts à donner un coup de main. Paysan à la retraite, il a gardé de quoi « s'occuper », quelques bêtes et un potager. Il vient aussi régulièrement m'aider : débroussaillage, travaux d'aménagement, rien ne lui fait peur. Cela tombe bien, Roger élève justement en ce moment un agneau au biberon (il arrive que les brebis n'aient pas de lait, après le vêlage). Je lui propose d'emprunter cet agneau le temps de la séance photo.

Sur le plateau, je découvre l'incroyable gentillesse de cette petite bête. Les enfants mannequins le baptisent « Arthur » et en font leur mascotte. Arthur se prête au jeu des poses avec une douceur et une bonne volonté qui touchent l'équipe tout entière et la séance passe comme un rêve.
Si Roger est d'accord, je suis décidée à lui racheter l'agneau. Parmi mon arche, le mouton manque à l'appel et je ne suis pas à un pensionnaire près… Mon voisin ne se fait pas prier. Je crois que ça l'amuse de savoir qu'une de ses bêtes finira vedette !
En grandissant, Arthur est toujours la gentillesse incarnée. On peut le promener n'importe où, en ville, sur les boulevards parisiens ou sur un plateau télé, il est ravi de l'escapade et patiente durant les longues pauses sans jamais montrer de signes d'agacement.
À Sury, sa compagne d'enclos adore le poursuivre dans des allers-retours de marathonien ! Wendy – une femelle lama – possède un tempérament volcanique et n'hésite pas à cracher sur les importuns qui l'agacent (vétérinaire ou touriste un peu trop intrusif, pas question de se laisser envahir !). Arthur se contente de cavaler dans l'espoir qu'elle finira par se lasser.

CV

Cinéma
Debout sur la montagne, de Sébastien Betbeder, 2019
Papa was not a rolling stone, de Sylvie Ohayon, 2014

La rampe, un matin ordinaire

Télévision
Saison 3 de *Hard*, série de Cathy Vernay sur Canal+, 2015

Autres
Publicité pour les veilleuses Pabobo
Défilé pour la marque La Canadienne
Shooting photo avec le Youtubeur Norman

Maternités

J'ai eu de grandes histoires d'amour avec mes animaux. Chacune était unique, mais Kilia a été ma plus belle rencontre féline. Notre histoire a duré vingt et un ans.

Depuis toujours je rêve d'avoir une panthère. Ma conviction profonde est que plus on connaîtra le somptueux félin, mieux on saura le préserver à l'état sauvage. Ces animaux sont rarissimes et, lorsqu'en 1990, un éleveur privé du sud de la France me propose un bébé puma, je fonce. Chez lui, je découvre une petite boule de poils d'une dizaine de jours miaulant de toute son âme. Elle me ravit le cœur en un regard. Je la nomme Kilia.

Impossible de lâcher mon nouveau bébé, je dois m'organiser pour être disponible vingt-quatre heures sur vingt-quatre. Mon instinct me pousse à devenir une mère de substitution en l'élevant aussi « naturellement » que possible, un genre d'hyperimprégnation. Je mets donc de côté mes activités humaines et je m'enferme à la maison avec la petite femelle. Les bébés pumas sont très bavards, moi aussi, et nous ne tardons pas à développer un langage intime fait de feulements, de mots doux et de ronrons. La petite me suit partout et dort dans mon lit. Je la nourris au biberon, lovée dans mes bras. En dépit de sa maladresse comique, sa curiosité naturelle la pousse à s'aventurer partout. Je la laisse faire avec une fierté toute maternelle. Le jeu est essentiel chez les chatons sauvages car, de cet apprentissage dépend leur survie. Guetter, bondir, mordre ou se fondre dans la nature pour devenir un superprédateur, ils ont deux ans pour devenir parfaitement autonomes dans le grand monde sauvage…

La petite femelle ne tarde pas à grimper aux arbres et, pour développer son extraordinaire agilité, je n'hésite pas à compliquer les parcours. Parfois, je la préviens qu'une branche est un peu flagada mais elle n'écoute pas, trop contente de s'élancer. Il faudra une chute plus sévère pour qu'elle se mette à écouter… Je cherche sans cesse des stratégies nouvelles afin d'épanouir sa nature sauvage.

En liberté les pumas sont très farouches, ils évitent la confrontation avec l'homme, sauf s'ils sont acculés, ce qui n'arrive quasiment jamais puisque ces félins sont passés maîtres dans l'art de l'esquive. Kilia a beau avoir une petite mère humaine, elle est tout aussi méfiante que ses congénères. Il suffit que j'émette un cri d'alerte pour qu'elle file se cacher – une méthode parfaite en cas de visites imprévues ! À la maison, son coin de repli est dans la cheminée. Elle d'habitude si bavarde reste planquée et n'émet pas le plus petit piaulement tant que mon hôte s'attarde. Cette timidité me plaît. J'ai bien conscience du paradoxe entre mon « hyperimprégnation » et ma résolution à respecter ses codes sauvages, mais notre solitude et cet apprentissage, nos jeux, tout cela me préserve de trop d'anthropomorphisme. C'est pour cette raison que je tiens à ce que Kilia développe son instinct de prédatrice, comme elle l'aurait fait avec une mère puma. Dans la nature, ces animaux vivent solitaires. Seules les mères se sédentarisent pour prendre soin de leur progéniture. Elles se montrent patientes, attentives, très protectrices et quand les petits ont trois ou quatre mois, elles commencent à leur enseigner la chasse. Cette période finit avec leur émancipation, vers deux ans.

Pour parachever l'éducation de Kilia, je prends la décision de l'emmener chasser avec les chiens, Scania, ma fidèle mâtin de Naples, flanquée de Fielle, ma labrador noire qui la suit comme une ombre. J'imagine le drôle d'équipage que nous formons, un spectacle que personne ne surprend jamais entièrement : au moindre signe de présence humaine, je lance un cri d'alerte et ma petite sauvage se volatilise dans les fourrés.

Durant cette période, Kilia ne se laissera surprendre qu'une seule fois : un groupe de cyclistes l'aperçoit bondissant par-dessus la route. Pour une raison inconnue – la peur d'être coincée, sans doute –, elle a cédé à l'instinct de fuite. La rumeur ne tarde pas à arriver aux oreilles du maire de mon nouveau village. Comme tout le monde connaît ma petite arche dans la région, ce dernier ne tarde pas à me rendre visite pour me tirer les oreilles.

J'avais prévu son arrivée et j'ai mis Kilia dans son enclos (elle en a un à l'intérieur de la maison et un autre, plus vaste, dans le jardin). Face à ses récriminations, je proteste avec une parfaite mauvaise foi que la « petite » ne sort jamais en liberté. Je ne suis pas sûre qu'il soit dupe mais l'affaire en reste là…

Je dois pourtant me résoudre à restreindre sa liberté. À deux ans, Kilia est désormais une adulte, il n'est plus question de la laisser vagabonder à sa guise.

Au cours des années suivantes, la puma ne sort jamais sans moi. Elle trouve son équilibre entre les jeux, le sommeil – comme tous les félins, Kilia passe une bonne partie de son temps à dormir – et l'amour que je lui porte.

C'est à cette époque que je rencontre l'homme qui deviendra le père de ma fille. Patrick est vétérinaire et je m'installe chez lui.

Kilia n'apprécie pas le changement ni son nouvel enclos. En réalité, elle est jalouse de Patrick ; il représente un sérieux concurrent et elle ne se défera jamais tout à fait de son antipathie. Après tout, ce bipède lui a volé une part de l'affection de sa petite mère.

En 2003, je tombe enceinte de ma fille. Pour la première fois de ma vie, mon instinct de mère humaine prend le dessus. À présent que je porte un enfant, je dois faire attention, il n'est plus question de me mettre en danger. Ma témérité s'amenuise et je comprends que, sans être suicidaire, ma façon de croquer la vie à pleines dents m'a parfois incitée à prendre des risques. Je me suis toujours moquée de vivre longtemps ou de me protéger, et voilà que subitement je deviens attentive à mon corps et à cette vie qui grandit en moi.

Une autre découverte m'émerveille : je sens une énergie nouvelle, cette puissance des mères, animales ou humaines, comme un élan qui émane de moi et me propulse.

Manon naît le 8 août, le pire jour de la canicule de l'été 2003.

Dans les jours qui suivent l'accouchement, mon intuition est décuplée. Le sens maternel est aiguisé par mon instinct animal et je ressens puissamment cette force souterraine. Simultanément, ma propre fragilité m'assaille. Quelle faiblesse que celle des femmes qui ne savent plus accoucher ni allaiter comme on respire !

Mon bébé refuse le sein, et les biberons qu'on lui propose la dispensent de cet effort. Dans ma tête, c'est un cataclysme ! Je réagis en bête, selon la loi de la sélection naturelle qui veut que les nouveau-nés trop fragiles pour s'alimenter périssent inévitablement : si Manon refuse mon lait, c'est qu'elle va mourir.

C'est d'une telle violence que je bloque là-dessus, je me recroqueville sur cette pensée, bien décidée à ne pas m'attacher… À l'hôpital, personne ne prend le temps de m'expliquer que ce sont des choses qui arrivent, un incident presque banal. Pourtant, quand je finis par formuler ma détresse, c'est le branle-bas de combat.

« Prenez-la, je préfère, je n'y arrive pas… »

La sage-femme me dévisage, ahurie. Je répète, butée de désespoir.

« Elle ne veut pas téter et ça devrait être instinctif, non ? Dans la nature, les nouveau-nés qui ne luttent pas pour vivre ne s'en sortent pas. Il y a un truc qui ne va pas. Elle va mourir, alors emportez-la. »

Dans le quart d'heure suivant une escouade rapplique à mon chevet, le ban et l'arrière-ban des sage-femmes et un psy en renfort. Le concept de *baby blues* n'est pas encore très répandu au début des années 2000 mais mon discours naturaliste – quasiment une profession de foi ! – est bien trop excessif pour qu'on laisse filer. Je suis briefée et accompagnée en conséquence : Manon va vivre, je peux l'aimer.

Au cours de ses trois premières années, je reste très vigilante avec Manon et les animaux. La petite grandit en compagnie des chiens, de Teddy le raton laveur, des marcassins qui vont et viennent en liberté, mais pas question qu'elle approche Kilia. Ma fille n'a pas de limites. Elle ne montre jamais aucune appréhension face aux animaux, sauvages ou domestiques, gros ou petits, à poil ou à plume. Moi en revanche, je refuse toujours de prendre le moindre risque, même si j'éprouve une frustration grandissante de ne plus avoir de contact direct avec Kilia. Je ne rentre désormais plus dans son enclos. En bon félin qui se respecte, c'est-à-dire en tant que superprédateur, Kilia voit ma fille comme une proie. Sans compter sa jalousie car elle n'est pas dupe : ce petit d'homme a pris sa place…

Le premier mot de Manon n'est ni papa ni maman. Elle dit « Kilia », la main tendue vers ce gros chat qui somnole derrière le grillage et qu'elle brûle de toucher.

En 2006 enfin, quelque chose se relâche en moi. Je prends conscience que l'arrivée de ma fille m'a rendue aveugle à l'évidence : vivre avec les animaux m'est aussi naturel que de respirer et je peux continuer à faire confiance à ce que je ressens.

Un matin, je décide d'aller rendre visite à Kilia dans son enclos comme j'avais l'habitude de le faire. Depuis trois ans, j'avais abandonné ce rituel si cher à mon équilibre. Je n'oublierai jamais l'accueil que m'a réservé ma fille puma ce jour-là, entre embrassades et expressions vocales. Un bonheur indescriptible. Je découvre l'incroyable mémoire des félins et un rappel de ce que j'ai toujours eu au fond : ce qui est acquis l'est à vie, pour le pire comme le meilleur. Une fois les embrassades terminées, elle m'a présenté son cou, je lui ai mis son collier et nous sommes parties faire une balade dans la propriété.

Pour ma fille, l'animal est la norme. C'est en allant à l'école qu'elle comprend que vivre au milieu des animaux sauvages n'est pas si normal qu'elle le croit. Quand elle raconte à ses camarades de classe qu'elle partage son goûter avec son raton laveur, qu'elle s'endort avec les sept chiens au pied du radiateur de la cuisine et qu'elle joue à cache-cache avec les marcassins, on la traite de menteuse. Plutôt que de m'énerver, j'invite toute la classe à goûter. Ce jour-là, sous les yeux écarquillés d'enfants de quatre ans, Manon explique doctement les habitudes de chacun de nos compagnons.

Avec Kilia, nous reprenons nos balades en forêt. Je la lâche dès que nous sommes sûres d'êtres seules. Tout est comme avant, elle et moi avançant au cœur du taillis, le puma et la femme humant les mêmes odeurs, flairant le vent, heureuses de sentir la terre tourner sous nos pieds. Ce n'est pas une liberté absolue mais je me sens vivante de la voir heureuse.

Kilia fête ses vingt et un ans en 2012 et je sens venir la fin. Dans la nature, un puma vit environ dix ans. En captivité, il peut aller jusqu'à vingt ans.

Ma vieille féline est épuisée et je la prends dans mes bras, longtemps. Je veux vivre ce moment avec elle, en symbiose. Il n'y a aucune angoisse chez elle, pas de révolte face à ce qui vient, mais une tranquillité absolue. Je ressens ce qui la parcourt, tous mes sens en éveil.

Elle s'éteint dans mes bras doucement, comme on s'enfonce dans le sommeil.

La mort est une leçon que l'animal nous donne. Confrontées à ce passage, les bêtes savent, il serait absurde de croire le contraire. Elles pressentent le monde et la nature avec un instinct infaillible, elles voient la mort venir tout aussi sûrement que nous, avertis par nos médecins et leurs machines.

Contrairement à la plupart d'entre nous, leur appréhension est teintée d'une acceptation profonde.

Casting

Trouver la « bête de scène » qui jouera dans le prochain clip d'un rappeur, une pub ou un film, ne consiste pas toujours à piocher parmi mes pensionnaires en espérant que cela collera. Si je n'ai pas le profil voulu, je sollicite des confrères dont j'apprécie la façon de travailler. Parfois je me rends chez un éleveur et je choisis dans une portée celui dont je discerne ce petit quelque chose en plus qui le démarquera en grandissant. Je « sens » l'animal, alors qu'il n'est encore qu'un bébé mal dégrossi, et je serais bien incapable d'expliquer cela autrement que par l'intuition.

Travailler avec des animaux que j'ai élevés et éduqués à la scène est évidemment beaucoup plus simple. Je connais leurs aptitudes, leurs préférences, et je sais jusqu'où ils iront par amour du jeu.

Certains sont de vrais flambards, prêts à en rajouter des tonnes pourvu que la caméra tourne. Ils font très bien la différence entre une répétition et la prise de vue qu'annonce le fameux « Moteur, ça tourne ! ». Je crois qu'au fond, ils savent pertinemment que les véritables stars ne sont ni Yolande Moreau, ni Jamel Debbouze, ni Fabrice Luchini ou Jean Dujardin, ni Madonna ou Jul, mais eux, les Lulu, Pilou, Hip-Hop ou Diva, magnifiques de présence !

J'ai eu un chat formidable, un cabochard de première qui était capable de se surpasser devant un objectif, alors qu'en dehors des planches il ne pensait plus qu'à somnoler tranquille.

Il arrive aussi que le casting vire au casse-tête, car le « partenaire » de jeu s'avère un peu compliqué à diriger. J'ai reçu toutes sortes de demandes étranges, au cours de ma carrière. Dresser des rats, des cafards, des poules. Et un poisson !

Évidemment la stratégie n'est pas la même avec des insectes ou des mammifères. Quant au poisson, inutile de préciser qu'on ne le « dresse » pas. Quelquefois cela tient surtout du coup de veine.

J'étais supposée faire évoluer ce poisson – rouge, banal, aussi anonyme qu'un cyprinidé peut l'être – dans son aquarium. En guise d'entraînement, je me suis surtout appliquée à l'observer et j'ai noté que les sollicitations le laissent de marbre.

Au moment du « moteur », j'ai éprouvé ce sentiment de solitude qui vous étreint au pied du mur. Mon

« acteur » était censé s'approcher de la vitre et fixer la caméra, comme un passant trop curieux devant une vitrine. En l'occurrence, il n'y avait pas grand-chose à voir, sinon l'œil noir de l'objectif et mon visage en demi-lune, passablement stressé.

À cet instant, et malgré mon doigt levé que j'agite vaguement, je suis convaincue qu'il ne va rien se passer, Bidule se contentera de tourner sans nous accorder l'aumône d'un regard.

Durant une seconde, effectivement, il ne se produit rien. Dans ces cas-là, le temps a tendance à se dilater.

Et puis, par je ne sais quel miracle, le poisson se dirige droit sur moi. Dans mon euphorie, je pense « Dieu existe ! » même si Dieu a sans doute bien autre chose à faire que de guider le menu fretin face caméra.

Quand je me retourne, une fois la scène dans la boîte, tout le monde me considère avec un respect palpable. En une seconde, grâce à Bidule, je suis devenue la star du dressage animalier, capable de chuchoter à l'oreille des poissons rouges.

Je ne vais sûrement pas les décevoir en expliquant que mon intervention dans ce prodige est minime, voire nulle. La docilité de Bidule tient probablement au hasard, un simple coup de chance.

Mais chacun sait que la chance sourit aux enthousiastes.

Il y a quelques années, je reçois un scénario qui nécessite de guider des araignées et des fourmis. Ces dernières devront crapahuter sur le corps d'une femme en jaillissant de son nombril, traverser son ventre avant de sortir du cadre.

À condition de trouver les « meneuses », la principale péripétie ne devrait pas être trop compliquée. Il suffira de tracer un chemin de sucre, même infime, pour obtenir la trajectoire voulue. Quant aux actions plus expressives, un bon téléobjectif fera parfaitement l'affaire.

J'en suis à la sélection de mes actrices quand je comprends que les fourmis vendues dans le commerce – dans des tubes à essai – sont malheureusement trop petites. Elles ne donneront rien à l'image.

Dans l'espoir de me procurer des spécimens plus spectaculaires, je décide d'aller directement à la source, en pleine nature, en quête d'une fourmilière. J'ai malencontreusement négligé le fait que les plus grosses sont les garde-chiourmes chargées de la sécurité et que ces machines de guerre n'hésitent pas à attaquer un intrus, même s'il a la taille d'une tour Eiffel ! Ces soldates ne sont vraiment pas faites pour le cinéma. Piquée de partout, je sélectionne une bonne trentaine d'ouvrières d'une taille honorable. À la maison, j'ai préparé un terrarium afin de les observer *in vivo*.

J'ai passé des heures quand j'étais gamine à tenter de comprendre ces fabuleuses sociétés et je connais la complexité de leurs mouvements. Les fourmis se déplacent en fonction des phéromones laissées par leurs congénères. Il faut donc repérer une éclaireuse qui se chargera d'entraîner les autres.

Marine nous sert de doublure durant les répétitions. Après quelques tâtonnements, on choisit de verser quelques gouttes d'eau sucrée dans son nombril et de tracer un chemin à travers son ventre. Les répétitions marchent plutôt bien et donnent un bon résultat à l'image.

Un assistant consciencieux m'appelle une semaine avant le tournage. Il me demande comment préparer l'actrice pour faciliter la séquence, anxieux de savoir si elle doit éviter de se parfumer. La question n'est pas sotte, j'acquiesce donc mais il insiste, franchement préoccupé.

« Doit-elle éviter de se laver ? »

J'ignore si c'est son accent belge à couper au couteau qui me donne envie de lui faire une farce, je réponds du tac au tac :

« Oui, ce serait bien.

— Combien de jours ?

— Trois jours, ça devrait aller.

— Juste le ventre ?

— Non. Tout le corps.

— Et pour l'équipe ?

— Pareil. L'odorat des fourmis est extrêmement sensible. Et dites aux hommes d'éviter de se raser, à cause de la mousse. C'est aigre.

— Ah !

— Oui. »

Malgré l'envie d'éclater de rire, je reste sérieuse comme un pape. L'occasion est trop belle et je suis certaine que mon interlocuteur va finir par capter la blague tant notre dialogue est surréaliste.

Au temps pour moi ! L'assistant raccroche en jurant de faire passer mes consignes.

Je suis hilare rien que d'imaginer l'odeur de chacal planant sur le plateau et mes petites fourmis évoluant dans la jungle des phéromones !

Le rôle réservé à mon actrice araignée s'avère nettement plus ardu. La bestiole est censée descendre le long de son fil de soie jusqu'à la joue d'un homme face à son miroir… Problème, le scénario évoque un spécimen parfaitement ordinaire, ce qui complique la tâche puisque les grosses tarentules sont bien plus faciles à manipuler que leurs cousines ordinaires.

Comment inciter l'araignée à répéter une action aussi précise en dévidant son fil ? Inutile de compter sur sa gourmandise, les aranéides ne se nourrissent qu'une fois par semaine, et dans les situations extrêmes elles sont capables de jeûner des mois, voire une année ! Je dois donc trouver un autre moyen de persuasion… Je commence par bricoler un fil de Nylon.

Pour commencer les répétitions, j'ai sélectionné une demi-douzaine de petites « domestiques », qui vivent en terrarium et sont habituées à voir les humains les observer de près.

J'ai beau m'escrimer, je n'arrive à rien.

Encore une fois, je me tourne vers la nature, en quête d'inspiration. Ma balade me conduit au fond de mon jardin où je repère une petite araignée suspendue à son fil. Le plus délicatement possible, j'enroule le filament au bout de mon doigt, tandis qu'elle continue à crapahuter tranquillement.

Je crois bien que j'ai trouvé ma star !

Je prélève dix de ses congénères dans un buisson de mûres et je m'empresse d'installer tout ce petit monde dans un nouveau terrarium. La période d'observation peut commencer.

Assez vite, je note que parmi mes onze pensionnaires trois se détachent du lot. J'imagine que ces petites araignées sont dotées d'un tempérament plus aventureux que les autres, en tout cas elles seront mes « alpha ». Avec un peu d'entraînement, j'espère leur faire jouer la scène en une seule prise.

L'action est simple, à condition de reproduire le quotidien d'un buisson de mon jardin. Le script décrit une araignée glissant jusqu'à la joue d'un comédien en train de se raser, puis écartée d'un revers de la main. Mes petites actrices se prêteront-elles au jeu ?

Depuis l'échec du fil de Nylon, j'ai retenté l'exercice avec un fil de coton, sans succès. Il me faut donc renoncer à truquer l'action. La demoiselle devra courir sur mon doigt puis se laisser tomber dans le vide en dévidant son fil de soie.

J'ignore encore aujourd'hui ce qui peut décider une araignée à imiter sa réalité, toujours est-il que le jour J tout se déroule parfaitement. Les fourmis fourmillent – suivant le nectar depuis le nombril le long du ventre – et l'araignée se suspend à son fil avant d'être chassée hors champ.

De retour à la maison, je retourne dans le bois et je rends les fourmis à leur cité de terre. Dans la foulée, je gagne le fond du jardin et je relâche mes onze valeureuses comédiennes.

« Salut les filles, je sais où vous êtes pour le prochain film ! »

Depuis lors, chaque fois que je passe devant le mûrier, un sourire me vient.

Entre chien et loup

En 2012, quand je récupère Farouk, un chien-loup tchèque âgé de dix-huit mois, cela fait vingt-cinq ans que je m'intéresse à cette race singulière issue d'un croisement de berger allemand et de loup. Créée après la guerre par l'armée tchèque afin de garder les frontières, l'hybridation a fini en eau de boudin ; les chiens sont jugés trop peu fiables et, sans l'acharnement de quelques passionnés, la lignée serait déjà probablement éteinte. Je suis intriguée par leur réputation de sauvages, très curieuse de découvrir ces prédateurs entre « chien et loup » ! Sont-ils vraiment aussi mystérieux que ce moment du crépuscule qui mêle les ombres et la lumière ?

Farouk appartient à un particulier qui s'est largement laissé déborder. Quand on veut élever une telle bête, mieux vaut avoir beaucoup d'espace et du temps à lui consacrer, ce qui n'est visiblement pas le cas de son propriétaire. Le chien a tout ravagé chez lui, ce qui lui a valu d'être enfermé dans un garage. Il y attend un hypothétique nouveau maître.

Farouk arrive à la maison à moitié zinzin, passablement agressif et incapable de frayer avec un autre mâle.

Malgré son éducation désastreuse, je vois tout de suite qu'il a une bonne nature et je l'abreuve de renforcement positif. Ravi de l'attention qu'on lui consacre, il ne tarde pas à trouver son équilibre. Il ne s'intéresse qu'aux femelles, tolère toujours aussi mal d'éventuels rivaux, mais il est solide, gentil et surtout, il possède un mental d'acier. Côté travail, il adore la caméra, si bien qu'il commence à tourner beaucoup ! Non seulement il est ultra-photogénique, mais en plus il passe aisément pour un loup, ce qui s'avère très utile vu les difficultés logistiques et administratives qui s'élèvent dès qu'on fait évoluer une bête sauvage sur un plateau !

En 2012, je pars avec lui pour le tournage de *Belle et Sébastien.* Farouk rejoint une jeune meute de six loups. Je le tiens relativement à l'écart, par prudence. Il a peu de chance d'en réchapper si les loups se mettent en tête de l'attaquer.

L'équipe, pour sa part, veille à ménager les éleveurs du coin ; pour ces hommes, le loup est l'ennemi et ils tolèrent mal l'idée que quelques-uns, même surveillés, traînent dehors pour les besoins d'un film. Nous restons donc très discrets.

C'est dans ce contexte que nous sommes témoins d'un drôle d'incident. Le script nécessite de tourner de nuit et j'ai choisi d'emmener trois loups, en plus de Farouk, sur le lieu de tournage situé en pleine montagne. Les autres patienteront dans leur camion-loge garé au village.

Il doit être trois heures du matin quand nos bêtes se mettent soudainement à hurler à la lune. Aussitôt en alerte, Farouk lève le museau et entonne à son tour le cri rauque. Sur le plateau tout le monde est pétrifié. Nous sommes fascinés par la beauté de l'appel lancinant. On jurerait que la même âme crie à la gueule noire du ciel, comme une réponse du chien au loup.

Ce que nous ignorons et que nous apprendrons par l'équipe restée à l'auberge, c'est qu'à la même heure, à la minute près, la meute restée dans le camion s'est mise à hurler à pleine gorge, comme en réponse… Au temps pour la discrétion !

Deux jours plus tard, plusieurs bergers rapporteront qu'ils ont aperçu une meute sauvage sur un sentier de crête le lendemain de l'incident. C'est la première fois depuis des décennies que des loups sauvages sont observés en plein jour. La conclusion s'impose : ils n'ont pas résisté à la curiosité de découvrir leurs cousins, nos partenaires de jeu, et ont répondu à leur appel de la nuit précédente à plus de dix kilomètres de distance.

Moi qui rêvais depuis des années d'élever ma meute, je me décide à sauter le pas l'année suivante. L'expérience *Belle et Sébastien* m'a définitivement convaincue.

Au printemps 2014, j'accueille trois bébés loups européens, des mâles âgés de six semaines que je baptise Lycos, Létho et Hadès. Je prends garde de tenir Farouk à l'écart compte tenu de son caractère très dominant et de son aversion pour les autres canidés de sexe masculin.

Quelle n'est pas ma surprise de voir qu'il les regarde différemment et semble très attiré par eux, avec une bienveillance qu'on pourrait qualifier de paternelle. Quatre mois plus tard, je décide de le mettre en contact avec les louveteaux qui ont atteint une belle taille. Une fois de plus, mon instinct ne m'a pas trahie et Farouk adopte immédiatement les petits comme les siens.

Il a une manière très filiale et tendre de jouer avec eux, de les léchouiller ou de les remettre à leur place et, malgré mes dernières réticences, je me décide à les laisser se débrouiller, d'abord quelques minutes, puis une heure, une journée…

D'emblée, les louveteaux lui font allégeance. Le chien vient d'avoir trois ans et il trouve enfin l'équilibre entre sa part loup et sa part chien au sein d'une famille, sa meute.

Farouk est heureux, apaisé et pour la première fois d'humeur parfaitement égale, je devine que quelque chose de très profond s'exprime et lui rend la paix qui lui manquait encore.

Au fil des semaines, puis des mois, la hiérarchie se confirme : c'est Farouk, le mâle alpha.

Pendant le tournage de *Rémi sans famille*, nous tournons la première confrontation de Daniel Auteuil avec un loup. Le décor est magnifique, un plateau aride balayé par le vent, vide de trace humaine, hormis bien sûr la formidable machinerie d'un plateau de cinéma. Nous sommes pourtant peu de chose face à l'immensité du ciel. Il n'est pas loin de minuit et il règne une ambiance assez particulière. Dans cette nature toute-puissante, la nuit appartient aux loups. Même avec les projecteurs qui créent un effet pleine lune, ce sont eux les maîtres. Pour ma part, j'ai la sensation de jouer une scène de *Rencontre du troisième type*.

J'éprouve une légère inquiétude car nous avons répété de jour, et la lumière artificielle risque de déstabiliser la meute. Dès qu'ils sont lâchés, pourtant, Farouk et Hadès s'approprient l'espace avec leur aisance habituelle. Ils nous flairent, Lisa et moi, et savent que tout est OK.

Un loup solitaire doit surprendre Vitalis, le personnage de Daniel Auteuil, alors qu'il chemine dans la montagne, émergeant d'un amas de rochers. Pour la première prise, je préfère envoyer Farouk, afin que les hommes – l'équipe et le comédien – prennent leurs marques.

Auteuil est manifestement impressionné et je m'empresse de lui rappeler que nous allons retourner la scène dans la foulée avec Hadès, le plus intimidant de la meute.

Le loup surgit à un mètre au-dessus de l'acteur. Les babines retroussées sur un grondement sourd, il incarne la quintessence de la bête féroce ! Daniel a beau être prévenu, je le sens se liquéfier sur place. À cet instant, il n'y a plus projecteur ni perchman ni caméraman qui tienne, juste l'homme et le loup, face à face, ennemis héréditaires.

En réalité, c'est moi que Hadès fixe. Il se tient dans la clarté saisissante de cette nuit américaine, et je sais qu'il est heureux, appliqué à jouer comme nous le lui avons appris.

Je chuchote à Daniel de ne pas s'inquiéter. Il se détend aussitôt, en comédien aguerri.

Une fois encore, je me félicite du travail de fourmi que nous avons accompli. Ma philosophie du métier exige sans doute beaucoup d'engagement mais quelle merveille de les voir évoluer, magnifiques et tranquilles, jouant la comédie en totale liberté !

Les années passant, je me heurte à un problème inattendu. Chaque fois qu'on enlève Farouk de la meute pour aller sur un tournage, les autres pleurent. On dirait que la terre arrête de tourner. Bien sûr, à chacun de ses retours, ils lui font fête, mais ces manifestations tournent bientôt à l'aigre. Vers l'âge de trois ans, ils se mettent brusquement à le défier. Dans la nature, un mâle alpha qui partirait se verrait détrôné aussitôt par un nouveau chef, or les loups ont grandi et ils flairent une faille que leur instinct puissant les pousse à exploiter. À ce petit jeu, Létho est le plus combatif.

Mon chien a le mental pour résister à la pression, mais avec le temps il doit réimposer sa place de leader, même pour une absence de deux heures.

Cela finira mal. Je décide donc d'interrompre sa carrière solo. Je ne veux pas risquer une blessure, et puis il est hors de question de rompre l'équilibre de la meute.

Létho, Lycos et Hadès

Genre : Loups
Naissance : Mai 2014

Létho : le bon élève, un peu premier de la classe dès qu'il s'agit d'apprentissage. Il aime bien faire et se montre précis dans les exercices. Il est aussi le page de Farouk. Malgré sa force, il fait allégeance au chien.
Lycos : surnommé le « Ché », c'est un loup inquiet au mental survolté. Ils sont dix dans sa tête ! Lycos réfléchit beaucoup trop, commet des bêtises et se fait peur tout seul. Dans la petite bande, il est le plus discret, comme s'il voulait nous dire « ne vous occupez pas de moi ». Grâce à la vigilance de Farouk, il a néanmoins trouvé son équilibre dans la meute.
Hadès : le chouchou. Très calme, un peu monsieur « cool Raoul » et toujours le dernier quand il s'agit de courir. C'est aussi le plus sociable et le plus proche de l'homme parmi les frères. J'avoue que c'est mon petit favori, parce que je me sens des affinités avec lui. Louveteau, il était l'oméga,

celui qui se faisait harceler et soumettre. Paradoxalement, son faciès féroce lui permet de jouer la menace avec beaucoup de conviction.

Le lien entre les trois loups, c'est Farouk qui le crée. Il les équilibre.

CV

Cinéma

Belle et Sébastien, de Nicolas Vanier, 2013

Belle et Sebastien : l'Aventure continue, de Christian Duguay, 2015

Rémi sans famille, d'Antoine Blossier, 2018

La Monnaie de leur pièce, d'Anne le Ny, 2018

Mystère, de Denis Imbert, 2021

Télévision

La série *Deux flics sur les docks*, diffusée sur France 2 entre 2011 et 2016

Autres

La nuit porte conseil, clip de Black M, 2016

RAD, clip de Nekfeu, 2016

Publicité pour la vodka Eristoff Werewolf, 2016

Publicité pour les montres Tudor

Photos pour *Marie Claire*, Mina Storm, Swiss Luxury Beliefs

Loup y es-tu ?

Les grands singes, certains fauves et les loups, autrement dit les animaux qui possèdent une vie sociale développée, m'ont toujours fascinée. Je ne vois en eux que perfection et le loup est le Graal des canidés. Avec eux il n'y a aucun flou induit par la servitude ou la domestication. Quel que soit le lien qu'on nourrit, ils restent sauvages.

En Europe, le loup a subi trois siècles d'éradication. À partir de la Renaissance, il n'y a plus assez de place pour deux superprédateurs, et l'homme lui déclare une guerre totale. Il faut en être conscient si l'on veut comprendre cet animal extraordinaire. Aujourd'hui, les derniers individus en liberté sont issus d'une espèce chassée depuis la nuit des temps, ils en ont gardé la mémoire. Ceux qui ont survécu sont les plus méfiants ou les plus psychopathes !

Ces animaux d'une beauté absolue sont souverains dans l'art de l'adaptation et l'union de la meute décuple encore leurs capacités. Ce sont des détecteurs d'hommes – ils n'ont pas leur pareil pour nous scanner dès le premier regard ! – tellement habitués à être pourchassés qu'ils ont développé un instinct surpuissant. Évidemment, en bons prédateurs, ils excellent à flairer les fragilités de l'adversaire. Avec eux, les choses sont nettes, directes, codifiées. Ils ne pardonnent pas une erreur ou une trahison. C'est imparable et sans appel, inutile d'y revenir. Ils captent nos réticences, nos peurs et nos hypocrisies avant même qu'on puisse les déguiser.

Si on fraye avec une meute, mieux vaut ne pas se laisser endormir par la routine, elle n'a aucun sens pour eux. La pulsion de peur ou d'excitation peut surgir au moment où on s'y attend le moins, même après des années de compagnonnage. L'animal décèle l'agression à presque rien ; un geste trop brusque, l'odeur de la peur, la voix qui dément un ordre mal donné.

Il faut être patient aussi.

Quand Lycos était encore un jeune loup, il freinait des quatre fers devant sa caisse de transport. Alors que ses frères se laissaient transporter de bonne grâce, lui s'y refusait obstinément et il n'y avait aucun moyen de le convaincre d'y grimper, il boudait les ordres comme les encouragements. Cette résistance ne cadrait pas avec son comportement habituel, à tel point que j'ai fini par le suspecter de se foutre de moi. Pourtant, je refusais de le contraindre par la force. Pendant six longs mois, j'ai tout tenté, ordres, cajoleries, friandises, jeux, en vain… Le loup ne voulait rien entendre.

La solution m'est apparue un matin et à partir de là tout s'est débloqué. En réalité, Lycos avait parfaitement compris que la cage ne recélait aucune menace, il cherchait simplement à tester ma patience et savoir si j'étais digne de la sienne. Ce n'était pas la boîte, c'était moi, ma fiabilité, qu'il évaluait. Le contrat implicite que nous avions noué, cette entente encore fragile, il lui fallait l'éprouver.

Bien sûr, au moment où j'ai cessé de douter, il a accepté de monter dans la cage et de se laisser conduire sur les lieux de tournage ou dans le petit bois sans jamais plus manifester de stress.

À sa façon de loup, Lycos venait de me prouver combien j'avais eu raison de ne jamais dévier de ma ligne de conduite. Maintenant qu'il sait que je suis une humaine constante et cohérente, il est prêt à me suivre au bout du monde…

Le langage du corps est immédiat. Il ne saurait mentir. Un mot peut intimer une volonté, « viens », « reste », « couché », mais si la main dément, si l'on doute, alors les mots ne servent à rien. L'expression non verbale est faite d'émotions, et c'est ce que perçoit l'animal en premier, comme il saisit le langage de la Terre – la rumeur du vent, une menace qui gronde, le bruissement d'une proie.

Quand j'approche un animal, je reste consciente de mon corps et je veille toujours à ce qu'il puisse le décrypter aisément. Cela implique d'être absolument présent et concentré, dans un état de vigilance que l'on vit aussi dans les sports extrêmes. J'imagine que le marin dans la tempête ou le grimpeur face à une paroi verticale doivent éprouver ce même respect face à la nature sauvage, quand l'adrénaline pousse au dépassement de soi.

Je suis galvanisée de la même manière, comme aiguisée face aux loups.

J'aime leur sauvagerie intacte, cette part de mystère envoûtant.

J'aime me tenir à l'orée de leur monde et m'y glisser quand ils m'y invitent. C'est beaucoup d'honneur…

À Sury, nous avons démarré les immersions au milieu des loups en 2015. Unique en France, la balade permet de les voir évoluer, travailler, réagir.

Ce matin, nous avons un groupe de huit personnes. Tout le monde a été briefé avant d'entrer dans l'enclos : pas de fourrure autour des cols, pas de foulard qui pendouille, rien dans les poches qui pourrait intéresser les bêtes. Enfin, interdiction de se pencher, de s'agenouiller ou de s'asseoir.

Dès que nous poussons le portail grillagé, nous pénétrons dans leur territoire. Une brume légère estompe les contours des arbres. Le silence est rompu par le bruit de nos pas. Craquements secs du petit bois. L'herbe est humide, les pieds butent sur des mottes de boue, les battements de cœur s'accélèrent. Il y a dans cette attente une promesse que chacun ressent puissamment.

Soudain, à la lisière du taillis, quatre ombres émergent. Ils sont là, Farouk, Lycos, Létho, Hadès. Ils restent figés un instant, humant avec circonspection les effluves des intrus, puis approchent, l'allure souple, presque sinueuse. À leur façon de se comporter, de raidir l'échine, de détourner la tête, de les regarder en biais ou de les ignorer, je devine qu'ils captent l'énergie des visiteurs.

Ils ne tardent pas à nous fondre dessus, Lisa et moi, et laissent échapper de brefs jappements de contentement. Nous sommes des leurs, ils nous ont acceptées avec nos peaux nues et nos mœurs étranges. Cela ne signifie pas que nous pouvons faire n'importe quoi ou feindre ce que nous ne ressentons pas. Les loups flairent nos humeurs, leurs yeux suivent le mouvement de nos mains. Si je suis fatiguée, triste ou simplement préoccupée ils le perçoivent. Cela suffit à me recentrer. Je sais qu'une erreur de jugement pourrait abîmer le respect mutuel.

Pour l'instant, tout au plaisir des retrouvailles, ils lèchent mon visage en signe de soumission, m'entraînent dans de joyeux roulés-boulés. En leur compagnie je deviens mi-louve mi-femme et tout le reste s'estompe.

La démonstration des exercices de mise en scène peut commencer. D'abord la poursuite, avec Lisa en proie affolée fuyant devant la meute, puis les placements sur ordre et pour finir la colère feinte.

Hadès joue l'agressivité, babines retroussées, en posture d'attaque. C'est l'une des actions clefs que l'on demande aux loups dans un film. C'est aussi dans ce jeu subtil que se révèle le travail de l'animalier. L'animal grogne, le faciès redoutable, alors que sa queue bat de contentement et d'excitation. Il sait ce qu'il doit faire et il le fait bien, en comédien éprouvé. Sa satisfaction est perceptible, mais seulement côté coulisses, si l'on peut dire.

En guise d'adieu, nos invités prennent la pose chacun à son tour, légèrement à distance des quatre bêtes campées sur une butte. Pour la première fois depuis que nous avons pénétré dans l'enclos, et parce que les loups sont sous étroite surveillance, les visiteurs ont le droit de s'accroupir. Si je suis aussi intransigeante sur ce point, c'est que la posture est un aveu de faiblesse, l'équivalent d'un chiffon rouge agité sous le nez d'un taureau.

Personne ne doit tomber face à un loup. Cela risquerait de réveiller un instinct qui prévaut sur toute imprégnation, une fulgurance imprévisible qui les rend dangereux.

Ne pas pousser un prédateur dans ses retranchements est une manière pour moi de le respecter.

Un réalisateur ne fera jamais tourner un gamin avec un loup adulte qui n'a pas été imprégné avec des enfants de manière spécifique. Si l'on ne recourt pas à des images de synthèse ou à une double passe, un comédien de petite taille jouera les doublures. Ce n'est pas une question de centimètres mais de faiblesse et les bêtes ne s'y trompent pas. Ils flairent l'adulte, comme ils peuvent flairer la force, la peur ou la constance.

Sur le film d'Antoine Blossier, *Rémi sans famille*, en apercevant la silhouette enfantine qu'ils étaient censés poursuivre, les loups se sont précipités, visiblement excités. Ce n'est qu'en arrivant devant le comédien adulte d'un mètre vingt qu'ils ont stoppé, visiblement dépités. Ils avaient flairé l'entourloupe.

J'ai très envie d'élever une seconde meute. Elle sera évidemment indépendante de celle de Farouk. Dans la nature comme en captivité, on ne peut apparier deux bandes différentes. Autant mêler des gangs rivaux ! En outre, cette fois, je veux tenter une approche différente, fondée sur un maternage plus poussé.

C'est un tournage assez ambitieux qui va précipiter les choses. *Mystère* de Denis Imbert, raconte l'histoire d'une petite fille dont la vie est transformée par l'adoption d'un louveteau.

Au printemps 2019, je pars chercher une portée née en captivité dans un parc animalier des Pyrénées et dont la mère ne peut pas s'occuper. Les louveteaux n'ont que onze jours quand je les récupère et je les biberonne jusqu'à l'âge de deux mois. À ma connaissance, il n'y a jamais eu d'interaction au cinéma entre un enfant et une meute de loups européens. Shanna, qui a été choisie pour incarner Victoria, le rôle principal, est une fillette d'une dizaine d'années. Plus la rencontre est précoce, mieux l'enfant sera acceptée au sein de la meute, aussi je m'arrange pour leur présenter très vite leur futur partenaire.

Le tournage doit débuter en août et suivre une progression chronologique à mesure que les louveteaux grandissent. Il se déroule dans le Cantal plutôt que dans les Pyrénées où se situe l'action ; c'est la seule région où il est possible de faire travailler des loups sans jouer à cache-cache avec les populations locales. Les normes de sécurité sont néanmoins drastiques, la logistique exigeante, pesante parfois : enclos de trois mètres de haut ceints de clôture électrifiée, encadrement strict, personnel nombreux. Nous sommes six à tenir nos loups et à veiller au moindre déplacement, quatorze heures par jour et sept jours sur sept. Chaque scène doit non seulement être bien jouée mais parfaitement sécurisée.

L'organisation m'occasionne de belles prises de bec avec l'équipe de production qui traîne des pieds pour m'obtenir des colliers GPS et souhaite raccourcir mes jours d'entraînement. Nous sommes en pleines Cévennes, le plateau n'a pas de limites. Mes bêtes pourraient partir comme bon leur semble et disparaître en quelques secondes. La seule garantie – hormis le lien noué entre nous –, ce sont ces colliers à puce traçables.

Peu importe que la probabilité d'une fugue soit infime, il est hors de question de prendre le moindre risque. Si la production veut faire des économies, ce ne sera pas sur leur dos.

Par chance il y a Shanna. De tous les gosses avec qui j'ai tourné, c'est sans doute la plus douée, simple et vraie, dotée de ce petit quelque chose en plus qui la rend absolument exquise. Elle adore les animaux, et cela se sent. Les louveteaux l'ont tout de suite adoptée. Afin de renforcer leur entente, je l'invite à venir à Sury plusieurs fois, de septembre à janvier. Je compte bien m'appuyer sur cette complicité très forte pour réaliser un défi hors norme !

Sur le plateau, il me faut d'abord résoudre un petit problème totalement imprévu ; chaque fois que quelqu'un crie « moteur ! », mes louveteaux partent au quart de tour. Avant que le cameraman ait le temps de faire un geste, ils ont déjà démarré la scène.

« Dites "banane" ou "patate" mais surtout pas "moteur" ! Ils pigent très bien ce que ça signifie ! »

Je rouspète, mais je suis secrètement ravie. Ce détail révèle leur formidable réactivité et leur plaisir à être ici. Les loups sont heureux de s'ébattre sous les feux de la rampe. Pour les jeunes qui sont à l'âge des jeux et des apprentissages, la moindre consigne est follement amusante. Ils font des étincelles.

Ce genre de moments vaut toutes les lourdeurs du tournage.

Une autre chose me réconforte quand je me tourne et me retourne épuisée dans mon lit. Grâce au cinéma et à notre travail aux entraînements, mon rêve a pris forme. Comment aurais-je pu prédire qu'un jour je guiderais ma propre meute dans une nature où elle n'a plus sa place ? Je dois me pincer pour le croire.

Parfois, j'imagine les hommes préhistoriques face à une meute de ces grands prédateurs. Les loups devaient alors leur apparaître comme un modèle d'organisation et d'ingéniosité. Comme ils ont dû les observer ! Peut-être même ont-ils adopté leur façon de chasser, avec des rabatteurs, le cercle des harceleurs puis celui des attaquants, pour porter l'estocade à des proies parfois redoutables.

Mes loups sont aussi le symbole de la paix recouvrée entre l'homme et son ennemi de toujours, la bête sauvage et maléfique des contes, crainte et détestée.

Au sein de la nouvelle meute, une hiérarchie est en train de s'esquisser. Elle est moins flagrante que chez les adultes, mais c'est logique, ils sont sept, dont deux femelles, et surtout il n'y a pas de chien tchèque pour imposer sa loi !

À cause de leur nombre, il faut leur trouver des prénoms courts avec des consonances suffisamment distinctes pour ne pas engendrer de malentendus. En souvenir des inoubliables *Sept Mercenaires*, je les baptise : Yul, Chem, Veen, Vlad, Horst, Jen et Lee.

Horst a déjà une belle carrure et il est le plus puissant du groupe – le plus photogénique aussi quand on cherche un stéréotype de loup sauvage. De plus, sa force tranquille et sa relation avec ses frères et sœurs indiquent qu'il sera, selon toute probabilité, le mâle alpha. Mon impression se confirme avec le test des colliers.

Pour mieux les identifier, les louveteaux portent des colliers de couleurs différentes. Évidemment, dépouiller l'autre devient très vite leur jeu favori et j'ai beau acheter plusieurs lots, les colliers finissent tous arrachés.

Horst, qui se tient toujours un peu en retrait, est le seul à garder son collier. Personne n'ose se frotter à lui… Pour moi c'est la preuve qu'il est le futur mâle alpha !

En grandissant, les caractères s'affirment. Vlad, le timide, adopte le comportement d'un omega, le mâle qui se soumet à la force de l'alpha.

Yul, quant à lui, se tient sur la réserve et se montre beaucoup moins empressé avec les humains. Chez nous, il serait qualifié de misanthrope !

Chem est tout fou, l'ado enthousiaste typique, toujours prêt à démarrer au quart de tour. Il manque sans doute de confiance en lui, mais sait masquer sa fragilité en jouant les guerriers.

Veen est le plus posé de tous. Sensible, très doux et constant, il se montre aussi plus assuré et stable. Indéniablement le plus mature de la bande, il est aussi le plus proche de Shanna, l'héroïne de *Mystère*.

Des deux femelles, c'est Jen la future patronne incontestable. C'est une vraie « fille ». Intelligente, gracieuse, elle joue déjà les grandes dames. Malheureusement, à mesure que les mois passent, madame ne se contente pas d'imposer son pouvoir, elle harcèle la pauvre Lee !

Le tournage approchant, je dois désigner deux interprètes pour le loup de *Mystère*.

La logique voudrait que je prenne Horst, mais il est naturellement distant vis-à-vis de l'homme, et je respecte trop les tempéraments de mes bêtes pour forcer mon futur alpha. Je préfère sélectionner ceux qui ont envie de jouer et qui feront de vrais partenaires avec l'homme. Le choix est assez évident : Chem et Veen et Jen se partageront les scènes selon les besoins.

Au fil du tournage, Chem se métamorphose totalement ; il gagne en confiance et en hardiesse et joue chaque scène avec un plaisir manifeste. Le jeu d'acteur est une révélation, l'adolescent mal dans sa peau se transforme en jeune loup sûr de lui !

Dès leur retour à Sury, la différence de comportement est flagrante. Au sein du clan, le trio joue les cadors. Il se passe alors un événement que je n'avais pas prévu :

fort de son aura, Chem renverse Horst et prend le pouvoir. Très naturellement, il compose avec Jen le couple alpha. Il faut dire que Horst ne lutte pas vraiment pour conserver son titre, il préfère vivre sa vie sans la gâcher en bataille.

Grâce à l'éducation et à l'apprentissage, Chem a pris la place du big boss, mais dans la nature, que serait-il advenu ?

Avec le temps, Lee s'est révélée le maillon faible de la bande. On la menace, on l'assaille, on la chasse, une véritable guérilla dont on voit bientôt les effets : la femelle courbe l'échine, elle mange en catimini et rase les murs, elle ne prend plus de poids et son poil se ternit. Malgré nos interventions à Lisa et moi, le harcèlement continue, mené par une Jen impitoyable. Pire encore, à chaque fois que j'interviens, elle redouble de violence. C'est un comportement naturel qui a pour objectif d'empêcher les autres louves de tomber en chaleur.

C'est cette goutte de trop qui me décide. La louve est malheureuse, et si je la laisse au milieu de la meute elle finira tuée par sa rivale... Dans la nature, ce genre de problème se règle par le départ de la femelle dominée. Soit elle traîne en périphérie, soit elle décampe très loin fonder une autre famille.

Pour que Lee ne reste pas seule, je prends la décision de lui associer Yul, le moins en phase avec les humains.

Les deux sauvages vivront leur vie relativement à l'écart de la meute mais toujours en contact avec nous.

En septembre 2019, me voilà confrontée à un nouveau souci logistique. Je dois emmener Farouk et Hadès sur le tournage de *Mystère*. Je prends la décision de laisser Létho et Lycos à Sury afin de simplifier les choses. Je sais que je prends un risque en éloignant Farouk de sa meute, mais j'espère que l'absence d'Hadès rendra la réintégration du chien moins problématique.

C'est compter sans le tempérament de Létho. À notre retour, méfiante, je reste dans l'enclos pour surveiller ses réactions.

Si Hadès retrouve sa place sans trop de mal, celle de Farouk est de nouveau remise en cause. Curieusement, c'est son page Létho qui se montre le plus coriace.

Alors que Lycos se contente de rester en retrait et observe dans quel sens le vent va tourner, Létho, lui, ne cache pas son exaspération. Non seulement il grogne contre Farouk dont il conteste la légitimité, mais il se positionne face à moi, gueule grande ouverte, le poil hérissé, sa façon de me tenir tête. Il est sûr de lui, furieux de notre défection et bien décidé à faire passer le message : « Je veux être calife à la place du calife. » Je suis censée repartir dans le Cantal, mais compte tenu de la mauvaise ambiance je préfère surveiller l'évolution des choses. Lisa restera avec la meute des jeunes.

Il n'est pas question de laisser Létho imposer sa loi, sinon je peux dire adieu à notre équilibre. Si la situation dégénère, elle sera irrattrapable.

J'empoigne une pelle en plastique que je brandis en avançant sur le loup. C'est un simple coup de bluff – il pourrait se jeter sur moi – mais suffisant pour qu'il recule.

Létho vient de céder, nous le savons tous les deux.

Nous restons un bon moment dans l'enclos. Je ne suis toujours pas tranquille, malgré le recul du loup. Je préfère emmener Farouk. Il passera la nuit dans la loge intérieure, à l'abri d'une attaque surprise.

Le lendemain, la situation n'est guère meilleure. Au moment de remettre Farouk dans l'enclos, Létho s'avance en grognant, l'échine hérissée. L'intention est claire : *tu ne passeras pas*, semble menacer le loup, *et c'est moi le patron maintenant.*

J'emmène le rebelle à l'écart, je lui grogne dessus, je lui cours après, bref, je le soumets au même traitement qu'il a infligé au chien, puis je l'isole de manière à déstabiliser la gestion de la meute et empêcher une alliance séditieuse avec Lycos. Le lendemain, je les prends ensemble, alpha et challenger, je les promène et je les nourris, afin d'établir clairement les rapports de force sous mon contrôle.

Ce petit jeu de pouvoir dure cinq jours. Cinq jours pour que Farouk retrouve sa place. Il n'est pas question de coups ni de coercition mais de remettre de l'ordre en cheffe transpartisane. Je suis l'autorité aimante, sans doute, mais c'est moi qui commande et Létho doit renoncer.

Je suis persuadée qu'il m'en gardera rancune…

Le drame

« Le feu au chenil ! »

À la seconde où Isaac donne l'alerte, le temps s'arrête, comme dévoré par les flammes de l'incendie.

Tout se passe en dix minutes. Une éternité.

19 h 30. Lisa et Marine quittent le parking. Nous avons reçu une vingtaine de visiteurs pour l'immersion avec les loups. Un bon samedi, fatigant mais ni plus ni moins que la plupart des journées ici. Isaac, un collègue animalier qui s'occupe des grues de *Bojangles*, est passé à la maison pour un court débriefing sur le matériel à emporter pour le tournage.

Shanna est repartie chez elle il y a à peine deux heures. Je l'ai invitée à passer quelques jours à Sury avant la rentrée des classes, lundi.

Manon a préparé des pizzas. Nous venons de nous servir un verre avec Jacques, un ami.

19 h 40. Isaac rentre dans son bungalow, à trois mètres du chenil.

19 h 45. Il entend des crépitements, sort et voit les premières flammes. Sans perdre un instant il se précipite à la maison nous prévenir, cinquante mètres aller-retour.

Nous sprintons derrière lui. Ma fille appelle les pompiers en se ruant à notre suite.

C'est d'abord le bruit qui me frappe, un rugissement sourd, le feu tourbillonnant, l'odeur âcre, ou tout cela à la fois. Je me cogne à cette vision dantesque alors que je cours vers les chiens prisonniers.

Le bungalow-cuisine par lequel on accède au chenil est en feu. Impossible d'entrer par là. Notre seule chance c'est de passer par les parcs extérieurs et d'ouvrir les trappes qui y donnent accès. En hiver, nous les refermons chaque soir pour protéger nos compagnons du froid et de l'humidité. Isaac et moi nous jetons sur la trappe la plus proche, celle qui ferme la loge des chiens tchèques.

Mywolf, Myway, Lobo…

J'agis par instinct, sans réfléchir. Le battant est coincé. Dilaté par la chaleur.

Isaac donne un grand coup de pied dedans, mais le pan de métal fixé sur de gros rails ne bouge pas d'un pouce, bien trop costaud pour céder.

Le seul moyen serait de faire levier et soulever cette foutue porte ! C'est à peine une pensée, je suis déjà dans l'atelier qui se dresse à quelques mètres de distance. La pelle est là, posée dans un coin.

Je reviens en courant, la tends à Isaac. Il est plus fort que moi et chaque seconde compte, même si le temps s'est comme figé dans ce fracas de fournaise.

Il parvient à faire bouger la trappe. On la soulève. Le battant fracturé livre une vision d'apocalypse. Je vois des torches brûler. Ce sont les chiens, je le comprends mais tout est irréel, d'une brutalité qui écrase le raisonnement.

Une forme tournoie, en feu.

La chaleur est comme un mur qui dévore tout. Le ronflement du brasier qui tord la chair et le métal rugit autour de moi. Un hurlement perce le vacarme, je veux croire au rugissement de l'incendie, pourtant je sais qu'il s'agit d'un chien à l'agonie. Mywolf ?

Je crie à Manon et Jacques de commencer par l'enclos du bout.

Ça va trop vite.

Dans le dernier chenil, Gétro et Bonnie se sont collés contre le grillage, terrifiés. C'est la seule loge dont la trappe reste ouverte la nuit. Ma fille les fait sortir et les met dans la voiture, à l'abri. Elle pleure et crie, mais reste incroyablement efficace. Elle repart en courant vers les portes, s'acharne en vain sur le métal.

L'image du chien brûlant comme une torche est gravée dans ma rétine.

J'ai déjà compris que le box suivant est condamné.

Loukoum ne sort jamais par là, il déteste ça.

Une seconde pour prendre la décision.

« On prend ceux du fond avec Manon ! »

Les mots m'arrachent la gorge mais si je me laisse aller ce sera pire. Sauver les autres, c'est sacrifier les premiers boxes. Ils sont devenus des pièges sans issue. La chaleur est rendue plus épouvantable par les fumées qui se dégagent, épaisses, nauséabondes.

Jacques se tient à l'angle du chenil, un tuyau à la main. Dans un effort dérisoire il arrose le chenil et un bungalow tout proche, espérant contenir l'embrasement. Mais que peut un jet d'eau contre cette fournaise ?

Devant la puissance du feu et le risque de propagation, Manon se précipite vers la chatterie. Ils sont quinze dedans, paniqués par le vacarme. Elle les sort de l'annexe, les fourre par deux ou trois dans des caisses et court les déposer à l'abri.

Isaac a pris une sorte de cadence, il soulève un premier battant. J'appelle les chiens. Rien.

La chaleur est terrible, elle avale mes cris. On passe à l'enclos suivant. La trappe qui donne sur le box de Wolfo et Ninja. Je hurle à m'en déchirer la gorge.

« Wolfo ! Ninja ! »

Une seconde passe, deux. Et puis une masse noire bondit et manque me renverser. Wolfo ! Le chien est ivre de peur mais bien vivant. J'attends de voir Ninja émerger à son tour mais rien ne se passe.

Isaac s'escrime sur une autre trappe, bloquée aussi. Derrière le battant je crois percevoir un râle. O'Tuche ? Je suis seule à l'entendre, heureusement, et l'impuissance insoutenable me broie le cœur.

À cet instant tout se grave en moi, pas seulement le feu et l'odeur de brûlé, mais la façon dont ils ont péri, dans l'angoisse, la terreur, la douleur. Ce râle d'agonie m'apprend chaque interminable seconde derrière une porte bloquée.

Plus de trappe à ouvrir, plus de chiens à sauver.

20 h 10. Les pompiers arrivent. Le chenil est foutu. J'apprendrai par la suite qu'il faudra trente-trois hommes pour venir à bout de l'incendie.

Les lances à eau écrasent les flammes, faisant jaillir une fumée âcre. J'ai l'impression d'évoluer au ralenti dans un mauvais film, par séquences. Manon s'occupe des rescapés. Je réponds aux premières questions, j'appelle Lisa qui veut débarquer tout de suite. Je lui dis de rester chez elle, qu'il n'y a plus rien à faire, mais autant arrêter un ouragan. La pensée me vient, fugace. *Dieu merci, elle n'était pas là !*

Les pompiers ont étalé les corps en suivant l'ordre des boxes. Les dépouilles sont tordues, carbonisées. Je reconnais Loukoum. Un bout de boyau saillant de son ventre.

C'est interminable. La fumée monte en volutes grises de crasse à plusieurs centaines de mètres de hauteur et des tuyaux explosent à cause de la chaleur.

Lisa arrive, le visage blême, tiré par le chagrin.

Elle s'en veut d'être partie avant que le feu ne se déclare et moi je remercie le ciel, parce que je sais qu'elle se serait jetée dedans. Je la connais, Lisa, tempétueuse, inaltérable quand il s'agit de ses bêtes !

Les gestes s'enchaînent, mécaniques. Les problèmes pratiques et les décisions à prendre sont comme une digue qui empêche la vague de chagrin de me submerger. Dans ma tête, c'est le chaos, tout se mélange, la douleur, le choc, l'eau qui menace d'inonder les lieux après le feu qui a tout dévasté.

J'ai le sentiment d'avoir perdu plus que des chiens aimés. Ce sont des compagnons et des partenaires avec qui nous avons tant partagé.

Le lendemain nous sommes K-O, pourtant il faut continuer, nourrir, soigner, apaiser les bêtes.

Wendy se charge de contacter les assurances, une entreprise d'équarrissage pour retirer les cadavres.

Les animaux sont nerveux. Ils peuvent flairer notre détresse, comme ils ont flairé le feu, puis les vapeurs nauséabondes qui flottent toujours dans l'air.

Avec Lisa, nous retournons sur le lieu du sinistre.

Sinistre, le mot n'a jamais mieux porté son nom. La zone du chenil est puante, calcinée, transformée par l'eau en une boue noire.

Lisa détourne la tête pour ne pas voir. Ils sont tous alignés, mes onze chiens ou ce qu'il en reste, corps tordus, carbonisés. Ils ont été recouverts par une toile mais on devine leurs formes. L'épuisement et la tristesse pèsent si lourd que j'ai l'impression d'avoir une enclume sur le cœur. Devant ces pauvres restes, leurs noms me montent aux lèvres : Mywolf, Myway, Milobo, Loukoum, Sybelle, O'Tuche, Beebop, Fripouille, Houba, Excalibur, Ninja… Je voudrais fermer les yeux pour oublier ce que j'ai vu et les garder vivants dans ma mémoire.

Mywolf, le fils de Farouk. On venait de l'extraire de la meute des louveteaux. Contrairement à son père devenu mâle alpha parmi les loups, Mywolf ne voyait pas d'intérêt à évoluer parmi la meute. Il s'ennuyait de sa sœur et de sa mère, tournait en rond.

Myway et Milobo, les autres enfants de Farouk.

Excalibur, la femelle chien-loup tchèque, la compagne idéale que j'avais choisie pour Farouk et la mère de Mywolf, Myway et Milobo, des chiens aussi équilibrés et forts que leurs parents. Je rêvais d'élever la portée et de les voir bientôt frayer avec les loups !

Loukoum, notre mastiff de quatre ans. On l'avait adopté bébé. C'était notre vedette, un chien hyperphotogénique qui jouait un rôle récurrent dans la série *En famille*. Il a bien dû tourner une cinquantaine d'épisodes.

Sybelle, la golden, grande copine de Loukoum. Ces deux-là étaient toujours fourrés ensemble à faire les imbéciles. Sybelle était en retraite d'élevage.

O'Tuche, un jeune bouvier des Ardennes, plein de vie et de malice.

Beebop, ma vieille et douce jack russell, faisait partie de la vieille génération. Elle était née à la maison et venait de prendre sa retraite, après avoir tourné treize ans. Beebop était une chienne extraordinaire, la gentillesse incarnée. Je songe à tout ce qu'on a partagé…

Fripouille, mon autre jack, douce et gentille, qui jouait la doublure de Bonnie sur les tournages.

Houba, la femelle dalmatien, qui est restée huit ans avec nous. Elle a commencé à tourner alors qu'elle n'avait pas deux mois. Houba devait partir la semaine suivante prendre sa retraite chez une amie qui voulait l'adopter.

Ninja, la jeune femelle bouledogue anglais. Elle était l'introvertie de la bande, discrète et gentille. Le cinéma ne l'intéressait pas le moins du monde, si bien qu'elle n'a jamais tourné. J'étais en train de lui chercher une famille d'adoption pour qu'elle puisse mener une vie conforme à son tempérament.

La vision de leurs cadavres sous les bâches est insoutenable. On peut encaisser la disparition d'un animal aimé, mais comment supporter d'en voir périr onze dans un incendie ? Je ne peux pas m'empêcher de me rejouer la scène. J'aimerais pouvoir repartir en arrière, arriver plus tôt, débloquer chaque foutue porte…

Qu'ont-ils ressenti ? Ont-ils eu le temps de souffrir ? Pas un seul n'a aboyé, pourquoi ? Pourquoi n'ont-ils pas donné l'alerte ?

Un pompier m'a affirmé qu'ils sont morts asphyxiés très vite, sans quoi nous les aurions entendus sauter et hurler, mais j'entends encore ce râle monstrueux échappé de la loge où dormait O'Tuche. Quand j'ai raconté cela au pompier, il s'est contenté de secouer la tête : « Vous avez peut-être perçu son dernier souffle, en tout cas je peux vous assurer qu'il était inconscient. » Ils auront beau me jurer qu'ils disent la vérité, j'imagine la morsure du feu, et même si je me trompe, cela ne change rien à l'enfer du brasier.

Ce râle me hante, j'aurais voulu ne jamais l'entendre et pourtant je voudrais pouvoir être sûre que mes pauvres chiens n'ont pas eu peur, qu'ils n'ont pas souffert, qu'ils sont tombés très vite…

Tous les onze, je les connaissais par cœur. Nous avons travaillé ensemble et, pour moi, cela rend les choses encore plus douloureuses. J'étais responsable d'eux et ils sont morts de la pire des façons.

C'est un chagrin violent, inexprimable, qui me laissera une plaie à vif.

Ce doit être la loi des séries. Le mercredi suivant, je dois emmener Margot, ma bouledogue chérie, chez le vétérinaire. J'ai repoussé ce moment tant que je l'ai sentie prête à lutter mais le cancer qui lui ronge l'estomac ne lui laisse plus de répit.

Elle s'apprêtait à jouer son dernier rôle, nous allions commencer les répétitions.

La décision à prendre me tord les tripes. On lui fait une piqûre. Elle s'éteint dans mes bras, épuisée, paisible.

J'ai le cœur si lourd que j'ai l'impression que la suite macabre n'en finira jamais.

Quelques mois plus tard, l'enquête conclura qu'un court-circuit est à l'origine de l'incendie.

La femelle de l'espèce

Le fait d'être une femme animalière n'est pas anodin. Même s'il a fallu me battre pour me tailler une place dans un milieu essentiellement masculin, je considère que nous, dresseuses, soigneuses, « metteuses en scène » ou coachs, avons un avantage sur nos confrères. L'ego nous préoccupe moins. Contrairement à beaucoup d'hommes, nous n'avons pas besoin de jouer les mâles alpha pour aborder un animal. Nous y mettons de la finesse et une bonne part de maternage. Nous sommes ainsi faites, plus disposées à apprivoiser et à négocier que portées sur l'affrontement direct.

Les animaux le flairent parfaitement. Face à une bête rétive, plutôt que de chercher à m'imposer absolument, je préfère user de patience. Une fois encore, tout est question de dosage et d'intuition. Il n'y a pas de recette systématique.

Le cinéma aussi est un univers à prédominance masculine. J'évolue dans un monde d'hommes avec des codes masculins d'autorité et de compétition. En mêlant l'art et l'argent, le milieu expose inévitablement à des jeux de pouvoir.

J'ai dû très vite apprendre à m'affirmer. Heureusement, j'ai un tempérament de bagarreure, mais je regrette d'être encore et toujours confrontée à la bonne vieille raison du plus fort. Sous prétexte que je suis une femme – sans compter que mon mètre soixante n'impressionne pas vraiment –, je dois prouver ma valeur encore trop souvent.

J'ai participé à plus de trois cents films depuis mes débuts. Le pire tournage ne tient jamais à un animal mais aux rapports humains, à la mauvaise foi, à la parole reniée, aux rapports de force ou à la puissance dont certains se croient investis, parce qu'ils ont de l'argent, un pouvoir de décision et la possibilité d'imposer leurs diktats. À côté de ces petits chefs, négocier avec une panthère ou un loup est un jeu d'enfant…

Dès qu'il est question d'autorité surgit le doute éternel qui colle à ma peau de femme, comme si ma parole portait moins fort ou était moins fondée. Mes collègues masculins ont un avantage : on ne remet pas en cause leurs décisions. Ils ont la carrure, ils en imposent et l'ont prouvé mille fois. J'ai beau avoir un CV équivalent, voire meilleur, je suis d'abord la « femelle de l'espèce », forcément moins crédible.

Si je veux légitimer ma place de décideuse, je dois sans cesse donner des preuves de fermeté. Il m'a fallu apprendre à hausser le ton, à rectifier des « oublis », à réclamer une facture en souffrance, à refuser des devis au rabais. Maintes fois, j'ai dû réaffirmer les règles sur lesquelles je ne transige pas.

Dans un milieu où l'argent compte tant, certains jeunes réalisateurs restent persuadés que le meilleur moyen d'arriver à leurs fins est de jouer le jeu de la production, quitte à se dédire ou à trahir les membres de leur équipe tout en affirmant haut et fort le contraire. Ceux-là ont malheureusement tendance à se prendre pour le centre du monde, et n'ont que peu d'égards pour les autres. Je me rappelle l'un d'entre eux, parti skier, avec l'aval de la production, la veille du dernier jour de tournage. Les comédiens avaient fini leur travail, le petit peuple demeurait, une poignée de techniciens, les animaux et moi censés tourner une dernière scène… Cet adepte de la glisse a dû considérer que sa présence n'était plus requise et a filé sans une excuse ! Ici, pourtant, les personnages principaux étaient bel et bien animaux…

Heureusement, il y a aussi les rencontres heureuses.

J'ai adoré travailler pour Raoul Ruiz. Ce grand monsieur savait qu'il demandait des prodiges et, en retour, il respectait le travail des autres. Sur son plateau régnait un climat de sérénité rare. Dans un style équivalent, Bertrand Tavernier se montrait d'une précision et d'un calme exceptionnels. Sous sa direction, tout semblait aller de soi, le travail comme les relations.

Parmi les maîtres « heureux », j'aimerais également citer André Téchiné et Manuel de Oliveira, un atypique qui choisissait de répéter beaucoup pour saisir sa scène en une seule prise. Avec eux, il n'existait pas de petites mains : les techniciens, scripts, caméramans ou animaliers faisaient partie de l'équipe, au même titre que les acteurs. Cette « famille » faisait exister leur film.

Il existe des gens incroyablement généreux d'eux-mêmes Dany Boon et Alain Chabat en font partie. Dans ce milieu où tout est dû aux égocentriques, ces hommes vous réconcilient avec le genre humain. Après l'incendie, Dany Boon a été l'un des premiers à m'envoyer un mot de réconfort, alors que notre dernier tournage remontait à huit ans et qu'il était à Los Angeles.

Guillaume Maidatchevsky a désormais une place dans mon petit panthéon des valeureux ! Je l'ai rencontré sur *Rroû*, une interprétation moderne du livre de Maurice Genevoix.

C'est connu, au cinéma, tourner avec un enfant ou un animal est compliqué, alors le cocktail animal/enfant a tout d'un cauchemar, surtout si on mélange les bêtes domestiques aux sauvages ! Guillaume n'en a cure, et pourtant il prépare son premier long-métrage. Dès notre rencontre, j'apprécie l'homme, rassurée par son expérience de réalisateur de documentaires animaliers. J'ai beau me sentir encore échaudée par l'épisode du réalisateur-skieur, son enthousiasme réveille le mien.

Face à l'ampleur du projet, pourtant, nous partageons quelques appréhensions. Le héros du film est un chat dont on suit les aventures. En résumé, le matou doit devenir un véritable personnage, doué d'une expressivité hors norme. À l'écran, cela promet d'être palpitant, mais sur le papier, *Rroû* a tout d'un film expérimental. Il s'agit ni plus ni moins d'exprimer des émotions très précises pour notre chat héros : l'effroi, le ravissement, la surprise, l'émoi, la curiosité ou la tendresse…

Le défi est colossal.

Malgré nos caractères bien trempés, nous nous apprivoisons petit à petit, Guillaume et moi, jusqu'à être en harmonie totale. Ce jeune réalisateur sait fédérer une équipe et se remettre en question sans faire de compromis qui trahiraient sa vision. Le film que nous faisons est puissant et authentique, sans doute un de mes tournages les plus fous.

D'une certaine façon, Guillaume m'a réconciliée avec le petit monde du cinéma à un moment où j'en avais vraiment besoin.

Un bel animal, ce garçon, et je suis heureuse d'avoir croisé son chemin !

Nicolas Vanier représente un virage dans ma carrière. Cet homme est un fou passionné qui travaille dans l'urgence, parfois dans l'affrontement, le genre de type qui te pousse « hors de ta zone de confort » pour reprendre une expression à la mode. Loin de le décourager, l'impossible devient un prétexte à s'aventurer plus loin, sans jamais sacrifier la cause animale, n'en déplaise à quelques détracteurs.

Je partage avec lui cet instinct de l'animal, ce truc indescriptible qui se passe d'explications. On a eu quelquefois des désaccords, mais notre histoire d'amitié supporte les coups de gueule. Nous nous sommes engueulés, rabibochés et engueulés encore. Pour moi, il est hors de question de déroger à certaines règles d'or, pour lui il est inconcevable de faire des compromis… et cela produit parfois des étincelles ! Nicolas est l'un des rares réalisateurs à qui je dirais oui sans lire un scénario. Et si demain on tourne un nouveau film, je pesterai probablement parce qu'une fois de plus, il m'aura demandé de lui décrocher la lune !

On pourrait penser qu'après toutes ces années et forte de tant d'expériences, je serais blasée. Il est vrai que, malgré la diversité des scénarios, diriger des actions simples peut s'avérer répétitif. Il y a quelques mois, la fatigue aidant, je n'étais pas loin de ressentir cette monotonie. Et puis j'ai reçu un projet de long-métrage requérant la présence d'un chat et d'un chien policier, a priori pas de quoi s'affoler. J'envoie donc les photos de Toni, mon chat gris, et de Haskan le berger allemand. J'avoue qu'avec les années, je deviens un peu plus fainéante et j'ai tendance à proposer les comédiens les plus expérimentés, or ces deux-là ne sont pas loin de savoir lire et écrire tant ils sont doués !

Antonin, le directeur de production en charge du projet, m'appelle un matin à la première heure. Il est tôt et je suis tranquillement attablée devant mon café. Antonin aimerait avoir une doublure du chat, afin de sécuriser un nombre important de prises, ainsi qu'une vidéo du chien avec un douanier, dans un aéroport. Mes radars virent au rouge : la précision de ses demandes ne colle pas avec la simplicité des actions requises et, après tout, il ne s'agit que de deux séquences ! Pourquoi ? Antonin reste flou, ce qui renforce ma suspicion.

« Qui est le réalisateur ? »

En général, ce détail m'importe assez peu, surtout quand il s'agit d'un jour ou deux de tournage.

Après un léger silence, il répond :

« Il s'agit de David Fincher. Son film, *Le Tueur*, sera tourné en grande partie en France. »

David Fincher ! Je manque m'étrangler avec mon café. L'homme est réputé pour son perfectionnisme qui le pousse à tourner un grand nombre de prises jusqu'à obtenir exactement ce qu'il désire. Quel honneur de travailler avec lui ! Et quelle pression ! Me voilà dans un état d'excitation comme je n'en avais pas éprouvé depuis vingt ans.

Quelques semaines plus tard, nous sommes convoqués à six heures du matin sur le décor, une place parisienne où doit se tourner la séquence avec le chat, en extérieur et en totale liberté : ce qu'il y a de plus difficile. Outre ma fidèle Marine qui n'en mène pas large non plus, j'ai avec moi mes deux « machines de guerre », Toni et Tino.

Le plan consiste à filmer un ballet de figurants – une cinquantaine ! – vaquant à leurs occupations ; il y a le policier qui commence sa journée, le libraire qui ouvre sa boutique, les gens qui partent travailler à pied, à vélo ou en voiture, la serveuse du café qui ouvre sa terrasse et dépose sur le trottoir un bol de lait pour le chat du quartier. Les déplacements sont réglés au millimètre près. La veille, les figurants ont répété toute la journée sous la direction de M. Fincher. Comme nous n'avons pas été conviés à cette répétition, je découvre l'action sur place. Mon chat est censé entrer dans le cadre depuis un point très précis, puis parcourir un trajet de dix mètres en ligne droite, rejoindre la serveuse au moment exact où elle dépose la coupelle de lait, et y rester plusieurs secondes jusqu'à la fin de la prise. Pour être parfaitement raccord, il est hors de question qu'il déambule à sa guise. Le plan est filmé du point de vue du comédien perché au cinquième étage d'un immeuble surplombant la place. Fincher utilise sept caméras, toutes côte à côte mais orientées différemment, et une focale spécifique pour chacune. Bienvenue dans la démesure américaine !

Le premier en scène sera Tino, plus farouche mais aussi plus rapide que Toni. Marine est chargée de remplir la coupelle entre chaque prise. J'ai dû négocier pour utiliser de la pâtée plutôt que du lait. Au cas où Tino se montrerait rétif, Toni est prêt dans sa cage.

Je suis calme, en totale connexion avec mon chat et impatiente d'en découdre. Tino est serein comme je ne l'ai jamais vu, surtout dans une configuration si compliquée. Les prises s'additionnent dans un ballet parfait. J'ai la sensation que nous sommes invincibles, et je sens que Tino prend un réel plaisir à jouer. Rien ne semble pouvoir l'arrêter. En une heure et quarante minutes, nous enchaînons un total de vingt-quatre prises avant que M. Fincher s'estime satisfait.

Tout le monde est ravi et moi je suis sur un nuage ! Cerise sur le gâteau, le grand réalisateur vient me féliciter. Tino a été parfait sur toutes les prises, il n'a jamais rencontré un chat aussi brillant, me dit-il mot pour mot.

La séquence suivante, avec Haskan – le berger allemand –, est tout aussi magique. Michael Fassbender, qui joue le personnage principal, doit opérer un demi-tour au moment de passer la douane, devant le chien prêt à bondir. Or, c'est sur le jeu de l'animal que repose la réussite de la scène.

Haskan endosse son rôle à la perfection et dépasse même nos attentes. Cette fois, nous enchaînons quarante-six prises. Record battu !

Ce film est arrivé à point nommé pour me redonner la foi et me rassurer sur ma capacité à rebondir. Il y a encore tellement de défis à relever !

Tant que je serai vivante – et valide –, je ne m'arrêterai pas.

Finalement, je ne suis pas si différente de mes animaux. La confiance est l'étincelle qui me donne envie de me dépasser.

Toni et Tino

Espèce : Chats européens type bleu de Prusse
Naissance : 2008 et 2009

Sous ses allures de gros costaud, Toni s'avère être une usine à ronrons, un pot de colle qui profite de quelques rhumatismes pour séjourner en VIP dans la maison familiale. Il supporte parfaitement bien d'être séparé de ses congénères, et même de son éternel complice, Tino, du moment qu'il peut savourer caresses et attentions. Il retrouve son rôle originel, celui de seigneur du foyer.
Les deux matous se complètent parfaitement lors des tournages et l'un ne va pas sans l'autre, tantôt acteur tantôt doublure.
Toni endosse plus volontiers le rôle du calme, le maître des coussins et du sommeil profond.
Tino est le roi des déplacements, des courses folles et des frottements sur commande.

CV

Cinéma
Au bistro du coin, de Charles Nemes, 2011

Maman, d'Alexandra Leclère, 2012
Il était une fois une fois, de Christian Merret-Palmair, 2012
Bastardo, de Nejib Belkadhi, 2013
L'Écume des jours, de Michel Gondry, 2013
Quai d'Orsay, de Bertrand Tavernier, 2013
Lou ! Journal infime, de Julien Neel, 2014
La prochaine fois je viserai le cœur, de Cédric Anger, 2014
Arrêtez-moi là, de Gilles Bannier, 2015
Le Combat ordinaire, de Laurent Tuel, 2015
Mammal, de Rebecca Daly, 2016
Retour chez ma mère, d'Éric Lavaine, 2016
L'Avenir, de Mia Hansen-Løve, 2016
Bad Buzz, de Stéphane Kazandjian, 2017
L'Amant double, de François Ozon, 2017
Nos années folles, d'André Téchiné, 2017
Santa & Cie, d'Alain Chabat, 2017
L'école est finie, d'Anne Depetrini, 2018
Les Vétos, de Julie Manoukian, 2019
Sous les étoiles de Paris, de Claus Drexel, 2020
8 Rue de l'humanité, de Dany Boon, 2021
Meskina, de Xavier Lacaille, 2021
Rroû, de Guillaume Maidatchevsky, 2022
The Killer, de David Fincher, 2022

Télévision
Theodosia, série de Matt Bloom, 2022

Tuer n'est pas jouer

Chez les peuples premiers, le chasseur devait posséder une âme pure, de l'agilité et de l'endurance, et veiller à ne jamais rompre l'équilibre qui l'unissait au monde. Il observait avec soin le vol des oiseaux migrateurs, la forme des nuages, la brillance des étoiles et les nuances des saisons, il savait lire une piste dans chaque éboulis, chaque souille, chaque point d'eau, allant jusqu'à prédire la direction que prendrait le vent au crépuscule. Il connaissait la force d'une harde à son galop, repérait les membres les plus fragiles qui pouvaient être prélevés et pressentait la fonte des hummocks ou l'approche d'une tempête à partir de repères infimes, une coulée de graviers, les plis de la neige ou la forme d'un arbre. Que les guillemots soient moins nombreux au printemps augurait brumes et froid, si les loups venaient rôder trop près des villages, un hiver persistant arrivait… Chaque fois que sa flèche faisait mouche, il remerciait la proie de se donner. Ainsi, il s'assurait d'autres succès à la prochaine chasse. Mais si d'aventure il prenait la vie d'une femelle gravide ou du meneur de horde au mépris des règles, s'il blessait une bête sans l'achever, alors malheur à lui car les esprits animaux se refuseraient désormais, et toute sa tribu en paierait le prix.

C'est ce que la nature enseignait dans les temps anciens. On ne tue jamais sans raison vitale.

Le lien qui m'unit à la nature n'a jamais rien eu d'édulcoré et materner les bestioles abandonnées ne m'a pas empêchée d'avoir très tôt conscience de faire partie des prédateurs… Même enfant, je comprenais cela, la nécessité vitale de la chaîne alimentaire.

Mon père était un chasseur passionné, et il lui arrivait de m'emmener dans ses affûts, faute d'avoir un fils que cela intéressait.

Nous partions tôt le matin pour débusquer la bécasse. Chouki gambadait devant nous, truffe collée au sol, ivre du bonheur d'être libre. J'étais capable de trotter des heures sans me plaindre, déterminée à aller jusqu'au bout quoi qu'il en coûte. Consternée à l'idée de me laisser distancer par mon géant de père, je ravalais mes gémissements en crapahutant dans les sillons boueux d'un champ ou dans la montée d'une côte.

C'est ainsi que je le voyais à l'époque, un géant silencieux et fier, le fusil en bandoulière, le pas égal, rapide, ne doutant pas que son brin de fille suivrait la cadence – une cadence infernale pour mes petites jambes !

Alors je serrais les dents et je repartais de plus belle, résolue à ne rien lâcher pour ne pas le décevoir.

Ces balades éprouvantes développaient aussi mon sens de l'observation. Je voulais tout fixer dans ma mémoire afin de tout comprendre, le travail du chien flairant la piste du gibier, les indices glanés dans la boue, un sillage quasi invisible dans le fouillis des herbes, le brusque silence de la forêt au moment d'y pénétrer ou au contraire l'envol d'un oiseau, cette tension que je devinais à l'imminence du dénouement quand mon père levait la main et m'intimait le silence. La mort de l'animal sanctionnait la traque, il n'y avait rien d'horrible à cela, c'était la finalité, un geste pesé qu'il accomplissait sans méchanceté ni colère, avec une sorte de respect que je devinais, parce que je connaissais ses humeurs.

Durant ces parties de chasse, je le voyais redresser le dos, comme si le poids immense de la vie s'allégeait. Lui, le taiseux, s'animait d'un sourire. Il se prenait même à m'ébouriffer les cheveux, c'étaient nos seuls moments de complicité.

Après ces randonnées, quand je partais seule dans mon bois, j'étais capable de suivre la trace d'une laie et de son escorte de marcassins, de dénicher l'entrée d'un terrier de renard, la présence d'une souille aux abords d'un ruisseau. Au fond d'un champ de maïs, j'avais disposé mon premier piège bricolé avec les moyens du bord, un fil de pêche et un grain de maïs planté dans un hameçon, et quand, par miracle, j'attrapais un faisan, je le rapportais triomphalement à la maison, quêtant l'approbation paternelle.

Cela peut paraître étrange, mais mon amour des bêtes n'en restait pas moins fort. La chasse, c'était le regard de mon père posé sur moi, la nature qui se gagne, nos silences à l'approche du gibier, l'effort dans mes jambes et cette impression d'être exactement à ma place dans le monde. Bien des années plus tard, confrontée aux grands prédateurs que sont les loups, j'ai ressenti ce trouble, mélange d'excitation et de ferveur, que j'avais entrevu enfant alors que je marchais sur les talons de mon père, ce que je nomme « l'esprit de prédation ».

Il est vrai que nous, les gosses des campagnes, n'avions pas les délicatesses des gamins élevés dans les villes. À la pêche, on nous avait appris comment assommer d'un coup sec le poisson tiré de la rivière. On grandissait au contact d'une réalité triviale, prenant les œufs au cul des poules et reniflant l'odeur du purin sans se soucier de la bouillasse qui crotte les bottes. On connaissait la routine des bêtes en troupeau et on savait pertinemment que le Jeannot des clapiers finirait en civet un de ces dimanches et que l'agneau ou le petit veau avaient toutes les chances de partir à l'abattoir. C'est aussi ce rapport direct à la nature, l'éblouissement que j'en avais, qui me rendait habile avec mes protégés. Et la chasse, au-delà des moments de partage avec mon père, me permettait d'approcher plus intimement la terre qui m'entourait. Au cours de ces affûts mes sens s'aiguisaient, au point que je finissais par comprendre une vérité crue du fonctionnement animal, l'instinct de la feinte, la fuite, ou la façon propre aux bêtes d'affronter la mort. Cette compréhension, je n'aurais pas su l'exprimer par des mots, c'était plutôt une intuition captée sur le vif, la même clairvoyance qui me guidait quand il fallait sauver un hérisson ou apprivoiser un caneton.

Je crois que, à ma façon, je percevais l'évidence du cycle de la vie. Et puis j'étais fascinée par le lien de dépendance entre prédatés et prédateurs, j'y discernais moins de cruauté qu'une loi naturelle. Ils naissent fragiles, exposés, ils grandissent, trébuchent, apprennent, et parfois la mort les attend au bout de la piste ou leur tombe dessus, en piqué, pour les emporter dans ses serres.

Chat !

Loups, panthères, cerfs, lynx, chevreuils, biches, sangliers, chiens, corbeaux, hiboux, aras, oies, chats, rats… La question revient souvent : avec quel animal préfères-tu travailler ? Je fais mine de réfléchir mais je ne tiens jamais longtemps. Le chat, bien sûr !

Sur plus de quarante espèces animales qui résident à Sury, ce petit félin demeure le plus complexe et le plus extraordinaire parmi mes « bêtes de scène ». Il chemine entre sauvagerie et apprivoisement, avec la grâce des âmes libres. J'aime ses manières de roi, sa désinvolture et ses préciosités ridicules, cette liberté jouisseuse qui se joue des paradoxes.

Le félin est naturellement rétif à toute forme de contrainte. On n'exige pas de lui des tours bons pour les caniches ! Il n'est pas fait de ce bois-là, il ne quémande rien – sauf des caresses ou des croquettes. Le jeu, chez lui, est un art. Il suffit de l'observer chasser et voir à quel point il aime se compliquer la tâche. Il accule sa proie, l'entoure d'une patte de velours, la lance en l'air, la pousse dans un recoin, puis finit par se détourner en simulant la distraction, comme s'il se persuadait de l'avoir perdue pour mieux faire durer le plaisir. Même chez les plus pantouflards et les mieux nourris des matous, on retrouve les réflexes de la traque féroce. C'est sur cette ardeur à jouer que je m'appuie et, puisqu'il est entendu que Sire Chat n'est l'obligé de personne, je fais en sorte de galvaniser ses comportements naturels : la curiosité, le jeu, la chasse. Ce travail de fond doit être guidé par une logique absolue.

D'emblée, je l'aborde en animal sauvage, pour la bonne raison qu'un chat n'est jamais absolument domestiqué. C'est toujours lui qui décide et il ne s'en laisse imposer par personne. Même les plus pots de colle sont d'une autonomie farouche.

Le terme « dressage » est carrément malvenu quand il s'agit de ces petits félins. Avec eux je parlerais plutôt d'alchimie. Celui qui accepte de te suivre t'offre un plaisir incomparable – car un chat n'obéit pas, il entre dans le jeu ! Tant et si bien qu'en te choisissant comme partenaire, il te donne l'impression d'être élu.

Puisqu'il sera amené à se déplacer, on commence par l'habituer à sa cage de transport en disposant sa gamelle dedans, le temps qu'il associe la cage, puis la voiture, et finalement le déplacement à une activité sans danger. Dans le jargon, c'est ce qu'on appelle « un point de ralliement positif ». Avec cette méthode, voyager ne pose aucun problème, même pour les plus accros à leurs petites habitudes, puisqu'en prince des paradoxes, le chat aime la routine.

Ensuite, vient la phase d'entraînement proprement dite, bâtie sur la complicité et le plaisir. J'enchaîne les exercices : marcher en laisse, suivre un parcours, s'arrêter à la demande. Tout est positivé inlassablement, sans jamais rien forcer

Avec certains félins, la relation de confiance devient si forte qu'ils réussissent à réaliser des scènes réputées infaisables. Quand cet animal royalement libre se prend à jouer la comédie pour moi, j'éprouve alors un plaisir infini et une jouissance secrète.

Parmi mes stars incontournables, Assouan est un rescapé de la SPA, un beau bleu de Russie que je récupère *in extremis* avant qu'il ne soit euthanasié. Même pas sympathique, limite agressif, le matou gris me plaît d'emblée. Les premiers jours sont ardus. Il me crache dessus ou m'ignore royalement. Peu à peu, néanmoins, il finit par s'amadouer. Mieux, durant nos séances d'exercices, il se révèle sous un jour nouveau. Dès que je l'entraîne à « jouer », Assouan se transforme, et il adore la caméra ! Je suis ravie. J'aime les caractères bien trempés et ce chat promet d'être un sacré cabochard ! Il a quelque chose du lion, un dédain tranquille, et une présence incroyable qui crève l'écran. Il le démontrera tout au long de sa carrière, mais jamais aussi comiquement que sur le tournage des *Âmes câlines*, de Thomas Bardinet.

François Berléand y incarne un quadragénaire dragueur et légèrement paumé qui tente de conquérir une jeune femme. Pour mettre toutes les chances de son côté, le séducteur impénitent prépare un dîner fin. Stressé par la situation et faute d'auditoire, il prend son chat pour confident et se lance dans un monologue délirant. Tandis que le malheureux argumente en caleçon, Assouan semble écouter, dos tourné. Le duo est hilarant, l'animal imperturbable, parfaitement insensible aux efforts de son maître qui finit en entonnant « Je suis une mouche » de Polnareff.

Durant toute la scène, je me tiens recroquevillée sous la table afin de veiller à ce qu'Assouan reste à son poste. Contrainte à l'immobilité, je suis obligée de me mordre la langue pour ne pas éclater de rire. Mon chat est parfait dans le rôle de l'indifférent – « Cause toujours tu m'intéresses ! » proclame son dos – et j'ai du mal à comprendre comment Berléand parvient à rester concentré. À l'instant où le réalisateur crie « coupez », toute l'équipe explose de rire.

Assouan tournera quasiment jusqu'à la fin de sa vie, à vingt ans passés. Dans son dernier film – quelques mois seulement avant sa mort –, il incarne le chat d'une ado gothique, et il faut avouer que son aspect décharné colle à merveille au scénario. Quand nous partons en tournage, cela fait un moment que mon matou n'a pas fréquenté un plateau de cinéma et je suis curieuse de voir si le goût du jeu l'emportera sur sa paresse de retraité. Je suis consciente que pour lui, ce sera sans doute la dernière fois.

Dès qu'il aperçoit les caméras, le miracle se reproduit, mon vieux félin se métamorphose, il joue et perd dix ans au passage

En cela, Assouan ressemblait à Scania. Ils étaient tous deux dotés d'un tempérament farouche, capables de devenir généreux, patients et incroyablement accommodants sous les feux de la rampe.

Dans le genre coriace, Pilou aussi est un pur chat des rues. Ce roux m'intrigue depuis que je l'ai aperçu dans le bourg. Il a tous les culots et accomplit chaque jour la tournée des commerçants de Bellegarde pour réclamer sa pitance. Quand on se croise, il aime bien m'accorder un moment, ronronne et puis s'en va, ragaillardi.

J'ai toujours pensé que les chats roux ont un truc à part. Le bon Dieu a dû les choisir pour être potes avec les humains. Ils sont réellement différents, singuliers, et pour paraphraser Orwell dans *La Ferme des animaux*, j'ajouterais : si les chats sont tous uniques, les roux sont plus uniques que les autres.

Un matin, alors que je l'ai longuement flatté et caressé, au lieu de repartir à l'aventure Pilou saute à l'intérieur de ma voiture, s'installe benoîtement, l'air de dire « on peut y aller ». Cela me suffit. Pilou m'a choisie. Nous ne nous quitterons plus jusqu'à sa disparition, dix-huit ans plus tard.

C'est à croire que les matous des rues ont une revanche à prendre ! Mon beau rouquin se révèle un acteur-né. Dès que le clap moteur résonne, il flirte avec la caméra et s'amuse des consignes avec grâce. Il est capable de saisir le mouvement d'un travelling pour jouer sa séquence en véritable pro. J'ai la preuve de ses capacités hors norme durant le tournage d'*Hippocrate*, la série réalisée par Thomas Lilti. Ce jour-là, il y a une scène un peu compliquée à mettre en place. Le problème tient à un plan séquence impossible à tourner d'une traite. Normalement, lors d'une action longue, les animaux ont besoin d'être guidés et je suis leur fil rouge. Ici, le décor trop étroit ne permet pas de me cacher hors champ, il faudra donc fractionner les plans. En dépit de ce rafistolage, et afin que Pilou mémorise le déplacement, je répète la séquence telle qu'elle se déroulera sous l'œil des caméras, avec les arrêts requis. Pilou m'observe d'abord en train de reproduire le mouvement – long déplacement, arrêt sur la table, distribution de croquettes, saut sur le canapé, câlin et caresses de l'humaine (en l'occurrence Louise Bourgoin), sortie. Ensuite nous répétons une fois, deux fois, trois fois la trajectoire qu'il devra reproduire sans moi. Clap de moteur, première prise ; tandis que je l'attends du côté de la table à croquettes,

Pilou adapte les pauses prévues et reproduit la scène en accompagnant la comédienne, comme s'il dansait au rythme de la caméra !

J'exulte de fierté ! Pilou mériterait décidément un oscar !

En 2013, je suis contactée par une production américaine pour un remake de *Rosemary's Baby*. La série se déroule à Paris et le couple de voisins maléfiques, incarné par Jason Isaacs et Carole Bouquet, possède un chat noir qui deviendra celui de Rosemary alias Zoé Saldana. Je dois donc caster un animal à la fois séduisant et diabolique, autant dire un mouton à cinq pattes.

Je n'ai pas l'habitude de travailler avec des chats inconnus, pour la bonne raison que j'abrite toutes sortes de profils à Sury – et de fort bons acteurs ! Pour la série américaine, néanmoins, j'ai besoin d'une bête au physique ambigu capable d'instiller une sourde menace. Aucun de mes pensionnaires n'a vraiment l'allure adéquate, je dois donc le chercher ailleurs. Les castings s'enchaînent, je vois défiler des dizaines de chats sans éprouver ce coup de cœur qui signale l'évidence, jusqu'à ma rencontre avec Etvoilà. Cette chatte orientale atypique correspond à merveille au profil improbable du rôle ! Dotée d'yeux verts perçants et d'un nez très fin, elle semble l'incarnation d'un inquiétant dédain. Il y a cependant un problème, l'animal ne sait rien faire et s'en porte visiblement très bien. Si je veux remplir le cahier des charges, il va falloir l'amadouer et beaucoup travailler. D'ici à quelques semaines, Etvoilà devra miauler sur ordre, tapoter le visage de Zoé Saldana, et se déplacer selon une trajectoire précise, bref, toutes ces choses qu'un félin fait naturellement mais jamais sur commande. Je dois également veiller à la rendre attachante en dépit de son apparence lugubre.

Étant donné la complexité du rôle et puisque les Américains ne lésinent pas sur les moyens, j'établis un devis en conséquence. Le producteur commence par négocier sévèrement à la baisse. En guise de justification, le brave homme m'explique que ses expériences avec des dresseurs animaliers se sont avérées très décevantes, il n'est donc pas disposé à payer cette somme. Au lieu de me démonter, je tente le tout pour le tout. « Je vous ai demandé une enveloppe pour faire mon job. Je comprends que vous soyez rebuté, mais je m'engage à ce que mon animal fasse toutes les actions que vous avez notées dans le scénario. Je vous propose un marché : soit vous me signez mon devis et *basta cosi*, soit vous le refusez, pas de problème, vous pouvez même ne rien me payer. En revanche, si à la fin du tournage on a tous les plans tels que vous les avez imaginés, alors vous me paierez le double. »

Le producteur apprécie visiblement ma façon de le prendre de front, et mon assurance l'impressionne sans doute un peu. Il signe mon devis.

J'accueille Etvoilà en pension non sans une certaine appréhension. Je ne devrais pas. La petite chatte possède un vrai talent pour la comédie. Son manque d'expérience est largement compensé par son envie de s'entraîner. Je lui apprends à marcher selon un itinéraire précis, à stopper sur une marque et surtout à tapoter la joue d'une doublure, car ce sera son grand moment : la scène où elle réveille Zoé-Rosemary profondément endormie et la sauve des flammes de l'incendie.

L'anglais étant la langue de rigueur sur le plateau, je choisis de donner mes consignes dans la langue de Shakespeare : « *Come* », « *Stay* » ou « *Stop* » et surtout « *Speak* » afin qu'elle miaule sur commande, un *miaou* sinistre digne de la représentante du diable ! Moi qui ai l'habitude de tourner avec mes chats professionnels, je dois avouer que je me régale avec cette parfaite amatrice. J'ignore si Mlle Etvoilà entamera une longue carrière, mais en l'espace d'un tournage, j'ai réussi à la transformer en pure bête de scène !

Au deuxième jour de travail, je croise le producteur sur le plateau. L'occasion est trop belle, je lui déclare, non sans une pointe de provocation : « Je pense que vous avez fait le bon choix, cela aurait pu vous coûter le double. »

On dit que les chats vous choisissent. C'est vrai pour les miens. Tous ont un caractère bien trempé. Une princesse grande dame qui rouspète volontiers, des balourds qui se réveillent dès qu'il s'agit de jouer, des câlineurs farouches, des solitaires ou des bavards, des empereurs qui me font grâce de leur talent, et quelques roublards qui ne s'en laissent jamais conter.

Tous me rendent au centuple ce que je leur ai donné comme seuls savent le faire les vrais généreux.

La politesse des rois, peut-être ?

Pause

À mon retour du tournage de *Mystère*, le 23 février 2020 – un film épuisant avec des rapports conflictuels –, je suis à la limite du burn-out.

Cette fois, j'ai trop tiré sur la corde. Pourtant il faudra bien recommencer demain, j'ai pris un engagement. Bien entendu, je vais l'honorer. Et toutes les obligations qui suivent.

J'ai encaissé tellement de coups durs et de deuils dans ma vie que je dois résister, il le faut, c'est comme un mantra qui tourne dans mon esprit en surchauffe. En deux ans, il y a eu le divorce, l'emménagement à Sury, l'incendie et la perte de mes onze chiens, les travaux constants, la profusion de projets. Pourtant, je suis incapable de m'arrêter. Je ne sais plus. Autant demander à un coureur de marathon de faire une petite pause histoire de reprendre son souffle. Si je stoppe maintenant, je m'écroule. Le pire, dans cette spirale, c'est que je me suis éloignée du terrain. C'est ça pourtant qui me redonne de l'énergie, le contact avec mes animaux, or je dois tout gérer, les tournages, les projets à venir, l'organisation de Rendez-vous en Terre animale, la gestion du personnel, et en urgence la plupart du temps.

Ce soir, j'ai l'impression de porter le monde sur mes épaules. Il est 23 h 30. Je me mets au lit, consciente que si je continue sur ma lancée, je ne tarderai pas à craquer.

L'épuisement me fait presque suffoquer. Je voudrais que tout s'arrête le temps de me ressourcer. Le pire, peut-être, c'est que je ne sais absolument pas comment lever le pied.

À peine un mois plus tard, le lundi 16 mars, alors que le monde entier retient son souffle, le confinement tombe. Ce que je ne me suis pas accordé – impossible, trop de choses à régler, les tournages, les rendez-vous, l'urgence ! – est soudain devenu consigne nationale.

J'en ai rêvé tellement fort !

Je peux arrêter la machine. C'est comme ça que je le vois. Une immense machine que je m'acharne à pousser et entretenir, dans le ventre de mon arche. Le Covid-19, qui a pris tant de vies, vient de sauver la mienne…

Beybi

Genre : Éléphante d'Afrique
Naissance : 1984

Née en Afrique il y a trente-sept ans, Beybi a été recueillie, encore non sevrée, par un orphelinat spécialisé en Afrique du Sud, après le massacre de sa tribu par des braconniers. Elle y demeure quelques mois avant d'être récupérée par Gilbert Bauer, directeur de cirque. L'éléphante grandit librement au sein de la famille Bauer comme un membre à part entière. C'est Gilbert qui joue le rôle de la matriarche, farouchement maternel. Il lui donne le biberon, la lave, la soigne, lui enseigne comment se servir de sa trompe, comment choisir son alimentation vers ses deux ans. Elle considère le fils du couple comme son frère.
Atteinte d'une tumeur dans la bouche, Beybi est opérée et sauvée grâce à la ténacité de sa famille d'accueil.
Suivie en convalescence par le docteur Klein, le vétérinaire de 30 Millions d'amis, *Beybi ne tarde pas à être la chouchoute des médias de l'époque. Dechavanne,*

Nagui ou Jean-Luc Reichmann la reçoivent sur leurs plateaux. Sa carrière d'actrice débute avec Sofia Coppola. Elle se rend trois fois à l'Élysée, elle participe à des pièces de théâtre, se produit aux arènes de Nîmes, pose pour des pubs pour Chanel, Renault ou Lustucru.
En 2020, Beybi et sa famille s'installent à Sury, en préretraite. Les visiteurs peuvent la rencontrer, au sein d'une nature taillée à sa mesure.

CV

Cinéma
Marie-Antoinette, de Sofia Coppola, 2006
Magic in the Moonlight, de Woody Allen, 2014
Le meilleur reste à venir, d'Alexandre de la Patellière et Matthieu Delaporte, 2019

Télévision
Coucou, c'est nous
Chérie, fais tes valises
Qui veut gagner des millions
C'est pas sorcier
On n'est pas des cobayes
Victor Sauvage (téléfilm)

Autres
Padmavati, opéra
Hannibal et ses éléphants de guerre, reconstitution historique
Festival de Bayeux, des Mureaux, etc.

Le loup, l'éléphant et le méditant

Au début de janvier 2021, Létho ne va pas bien. Depuis quelques jours, il est amorphe. J'appelle ma vétérinaire spécialiste de la faune sauvage favorite, Florence Olivet Courtois, qui commande une échographie. La rate est enflammée, il faut opérer sans tarder. Pour ne pas bousculer davantage mon loup, j'appelle ma clinique habituelle, à Château-Landon. Ils sont d'accord pour que l'opération ait lieu chez eux : on mettra une salle à notre disposition le 11 janvier, et Florence opérera, secondée par un ou deux vétérinaires assistants.

Le jour dit, elle arrive accompagnée par un stagiaire, un homme solaire et chaleureux au sourire contagieux. J'ignore absolument qu'il est une star dans son milieu, mais je sens son énergie puissante. Le vétérinaire en chef de la clinique se confond en politesses : « Quel honneur de vous recevoir », répète-t-il, tandis que le reste de l'équipe considère le « stagiaire » avec un mélange de respect et d'émerveillement. On dirait une assemblée de groupies face à un Brad Pitt au sommet de sa carrière. Mais qui est ce type, à la fin ? L'empressement général a piqué ma curiosité et je ne veux pas passer pour une idiote. Je louche sur le nom brodé sur sa blouse, « Norin Chaï ». Discrètement, je lance une recherche sur Google. Sa biographie est édifiante !

Norin Chaï est un vétérinaire, spécialisé en zoologie. Issu d'une famille décimée par les Khmers rouges, il est arrivé en France à quatre ans. Diplômé de l'École nationale vétérinaire de Maisons-Alfort, il a dirigé un parc national au Tchad, travaillé pour le Muséum national d'histoire naturelle à Paris avant de diriger la ménagerie du Jardin des plantes. Il écrit sur la sagesse animale et, accessoirement, il est moine et maître Reiki !

J'ai beau être impressionnée, j'oublie bientôt cette rencontre imprévue. Le sort de Létho m'occupe tout entière.

L'opération a été un succès, la convalescence se passe plutôt bien, malheureusement, après une courte rémission, le loup replonge. Cette fois il ne s'agit pas de la rate, mais d'une tumeur au cerveau. Florence me confirme qu'il n'y a plus rien à faire, sinon l'accompagner jusqu'au bout.

Dans une meute, la cohésion sociale et l'attachement familial prennent tout leur sens. Durant cette période difficile, ses frères de meute sont étonnamment doux, attentifs, et se montrent d'une gentillesse absolue envers lui ; ils le surveillent, l'accompagnent et le protègent, alors qu'habituellement ils ne cessent de se défier. Soudain, il n'y a plus de compétition ni de provocation, les loups acceptent sa fragilité. Ce comportement hors norme est le signe de leur tendresse, une leçon d'« humanisme » dont bien des humains devraient s'inspirer.

Avec Létho, nos rapports ont fluctué. Un an et demi plus tôt, lors de l'absence de Farouk, c'est lui, le fidèle page, qui a tenté de prendre la tête de la meute. Depuis l'incident il me témoigne une sorte de distance, comme pour marquer sa résistance ou une forme de fierté revancharde.

La maladie efface ce vieux contentieux et me rend ma place de protectrice.

Le 18 mars, je préviens l'équipe du tournage où je dois me rendre que je me fais remplacer.

Le moment est venu, Létho enchaîne les crises d'épilepsie, il souffre trop.

J'entre dans l'enclos, il me fixe intensément et je lis un appel dans ses yeux, comme s'il me disait « Viens, sois là, avec moi ».

Florence m'accompagne. Elle lui fait une première piqûre d'anesthésie.

Je prends Létho dans mes bras, je plonge dans son regard, bouleversée par sa confiance. À cet instant, les frontières s'abolissent, nous sommes juste présents l'un pour l'autre. Je ne suis plus l'humaine qui guide ou commande, il n'est plus le loup boudeur des derniers mois. Nous nous réconcilions totalement et profondément.

Florence fait une seconde injection qui arrêtera son cœur.

Létho s'abandonne dans mes bras. Il est en paix, je le ressens de tout mon être. Une gratitude immense m'envahit l'âme, c'est le loup qui parle et dit : « Merci d'être là, merci de me donner ta sérénité. »

Il part dans un dernier souffle.

Après la mort de Létho, Norin vient me voir à Sury et m'a conseillé des séances de laser thérapie pour soigner quelques petits bobos de dermato chez mes servals, mes caracals et la panthère.

À son passage j'observe les réactions de mes pensionnaires. Il y a une connexion immédiate, puissante et rare.

Plus Norin me raconte sa vie, ses choix, ses renoncements par amour des bêtes, plus je sens grandir la connivence entre nous. Cet homme se fiche des honneurs mais le plus humble des animaux l'intéresse.

Très vite nous discutons d'un projet commun qu'on développerait ici, à Sury. Norin aimerait faire un film autour de Beybi et de son destin singulier. Au Cambodge, et plus largement en Asie, l'éléphant est un animal totem.

Lors d'une deuxième visite l'idée d'organiser des méditations avec le public prend forme. Norin utilise cette pratique depuis des années. Pour lui, la sagesse est une façon d'être au monde. Lorsque je raconte les journées en immersion, les émotions puissantes que mes animaux suscitent chez les visiteurs, et mon désir de recréer une connexion entre bête et homme, Norin me propose de venir méditer autour du lien animal lors de journées dédiées. J'offrirai le terrain de jeu et lui ses compétences…

La première séance de méditation a lieu en juillet 2021. Elle commence par une connexion avec les arbres, puis avec les loups et les chats, pour finir avec les chevaux.

Durant tout l'été, je me contente d'observer de loin les groupes de méditants. Au retour de ces séances, certains planent littéralement. Il s'est passé quelque chose de puissant et j'avoue que cela pique ma curiosité. À vrai dire, je redoute un peu d'être réfractaire à l'exercice, non par mauvaise volonté mais parce que faire le vide en soi ne coule pas de source pour une hyperactive. Soucieuse de ne pas entraver le déroulement de la méditation animale – je n'ai pas envie que ma présence fausse le moment, surtout avec la meute –, je décide d'attendre septembre avant de suivre une session.

La séance de connexion aux arbres commence. Assise sagement en tailleur, j'essaie de me recueillir, partagée entre l'amusement et le scepticisme. Nous sommes censés faire monter l'énergie par nos chakras ; or, le mot seul suffit à faire surgir en moi la vision d'Arielle Dombasle déclamant un discours avec des accents tragi-comiques.

Bientôt la chanteuse lyrique est balayée par des images d'*Un Indien dans la ville*... Le fou rire menace. À présent, je dois visualiser des racines fleurissant à mes pieds pour m'ancrer dans le sol.

Lentement, le rire s'efface et j'entre dans le voyage. Je suis dans l'arbre, la terre, le vent, l'air, je suis en moi et au-dehors...

Les mots me manquent pour décrire le phénomène. Il faudrait dire le vertige de se relier au monde, la sérénité profonde qui m'envahit tandis que je perds le sens du temps pour apprécier l'instant présent...

Je retrouve cette même sensation qui me traverse quand je suis devant l'animal, une énergie-émotion impossible à exprimer.

Et après tout n'est-ce pas mieux ainsi ? Tenter de traduire ce qui se passe en méditant ou expliquer la relation avec mes bêtes reviendrait à dénaturer le lien. Quelle langue utiliser ? Avec quelle moitié d'alphabet ? La Terre me porte, les animaux me parlent et soudain je ressens, je comprends, je suis en lien.

Notre langage est non verbal et se tisse en présence.

En 2019, je suis chargée de la coordination animalière pour un projet de cinéma qui doit se tourner en Afrique. Le rôle principal sera tenu par un éléphant. J'ai déjà effectué un travail similaire à Bornéo avec des orangs-outans, des gibbons, des cobras royaux...

Si je ne suis pas spécialiste des éléphants, je comprends l'essence de l'espèce, et mon expertise du cinéma fait le reste.

La plupart des éléphants sélectionnés viennent d'orphelinats et mon critère de choix se fonde sur le lien établi avec leurs soigneurs. Quels que soient les impératifs du tournage, le critère absolu reste le bien-être des « acteurs ». À cette occasion, je contacte Gilbert Bauer. Gilbert vit avec Beybi, son éléphante. Je les connais depuis quinze ans quand ce projet nous réunit de nouveau. Cela faisait un moment qu'on avait envie de faire quelque chose ensemble mais les années ont passé sans que l'occasion ne se présente…

Durant l'été, j'ai la chance de passer un mois au Laos. Lors de mon périple, je tombe sur un groupe de cornacs perchés sur leurs éléphants. La tribu descend vers le fleuve après une journée de travail pour s'adonner à la baignade. Je reste un long moment à les observer, émerveillée par leur incroyable majesté. Je peux ressentir les différences de chaque individu, de chaque couple – le cornac et son animal –, le gourmand et le sage, la coquette ou le sportif. Il me semble voir les caractères comme s'ils étaient inscrits sur une page, noir sur blanc…

J'ignore encore que le Covid est sur le point de déferler sur le monde pour balayer nos équilibres…

Gilbert emménage à Sury au mois de mai 2020. Outre le travail de répétition, il peut enfin envisager de vivre une forme de préretraite avec Beybi.

Leur installation me permet de mettre en place un nouveau concept dans le cadre des Rendez-vous en Terre animale. Cela fait des années que je rêve d'héberger cet exceptionnel mammifère et je veux donner à mes hôtes la possibilité de rencontrer l'âme de cet incroyable géant !

Alors que nous inaugurons les lodges, nous mettons au point un protocole de rencontre avec Beybi. L'éléphante possède son espace dédié et je décide de lui creuser un bassin où elle pourra barboter allégrement. Les ouvriers tapissent le fond de sa future mare de trente tonnes de gravier calcaire pour pallier les risques d'embourbement. Il ne manquerait plus que la grosse mère s'enfonce dans la gadoue comme un clou dans un mur ! Beybi adopte sa « piscine » avec un bonheur communicatif.

L'été du déconfinement agit comme une délivrance sur chacun de nous et ce sentiment paraît décuplé auprès des animaux. Nous retrouvons une liberté enivrante qui nous a tant manqué.

Le quotidien de Beybi est désormais ponctué par de longues promenades dans le parc où elle pâture à sa guise, en compagnie de Gilbert. Ces deux-là sont fusionnels et ne se quittent jamais ! L'éléphante est si dépendante de cette relation que celui qui sert de mère-père ne peut pas s'éloigner trop longtemps, pour ne pas l'angoisser, un peu comme s'il vivait avec un bébé de trois tonnes.

Lorsqu'il m'arrive de les accompagner en balade à travers les champs et dans la forêt, l'expérience me procure une sensation d'apaisement incomparable. Il y a quelque chose de mystique à côtoyer Beybi et j'en reste éblouie à chaque fois.

Ce printemps 2020, je réalise ma chance. Mon quotidien est hors norme. Je fais le métier dont j'ai toujours rêvé, au milieu des animaux, dans mon arche. Je ne dois jamais oublier la magie de vivre à leurs côtés. Il ne s'agit pas d'usure ni d'accoutumance, mon regard comme mes émotions restent vifs, mais je ne veux plus me laisser submerger par l'épuisement. Je vais devoir trouver un nouveau rythme…

Recevoir des visiteurs me fait prendre conscience d'une chose : je veux préserver l'éblouissement de la rencontre entre l'homme et la bête.

Rêver

Sury n'est pas né en un jour. Ce lieu n'est pas non plus le fruit d'une réflexion comptable. Il a d'abord été une bataille contre moi-même. J'ai commencé par apprivoiser l'idée d'un domaine consacré aux animaux et au cinéma, puis, une fois dans les lieux, j'ai voulu monter mon propre studio avec des rails de lumière et un fond vert – à présent il est bleu –, qui n'existait que dans les studios spécialisés, et j'ai réfléchi à la meilleure façon d'aménager des espaces naturels dédiés aux tournages…

Tout était à bâtir ! Ce projet dingue, je l'ai monté à l'instinct, sans faire la moindre étude de marché. Les investissements étaient énormes, le pari fou, mais ma vision était plus forte que mes appréhensions. Pour connaître un peu le monde du cinéma, je savais qu'il y avait là une logique évidente, un gain de temps, des coûts plus bas, et surtout mes pensionnaires y gagneraient largement en termes de confort !

Je suis partie de rien. Certains jours, les frais faramineux de fonctionnement m'ont donné le vertige. Une angoisse, surtout, me tenaillait, qui m'a tenue éveillée bien des nuits : trahir la confiance qu'on plaçait en moi. Ce qui m'interdisait de me planter c'était ça, la foi de mon équipe et la confiance aveugle des bêtes. L'idée tournait à l'obsession. Il fallait payer les salaires, assurer les meilleurs soins à mes pensionnaires et investir chaque euro gagné dans plus de confort, des espaces plus vastes, une alimentation encore mieux adaptée.

Aujourd'hui, après bientôt sept ans, Sury existe avec les lodges et les tentes, un restaurant, un gîte et ses Rendez-vous en Terre animale. Ce projet fou m'a valu d'être regardée et jugée, parce que nous vivons dans une société où ceux qui sortent des sentiers battus dérangent. J'y ai perdu une certaine forme de liberté, et il m'arrive de me sentir touriste chez moi. Faire tourner une structure pareille exige d'être toujours sur le pont, à jongler entre mille et une urgences.

Mais Sury représente avant tout la possibilité de réconcilier les espèces animales avec l'homme. Et quand je sens la nécessité d'une pause, il me suffit d'aller voir les bêtes ou d'animer une visite et de me concentrer sur ce que j'aime, ce à quoi je suis bonne.

Bien sûr, j'ai toujours des difficultés à ralentir le rythme et mon mental hyperactif a tendance à prendre le dessus si je n'y veille pas. Déjà, j'envisage plus grand…

En mars 2022, je m'envole pour la Patagonie, au pied de la cordillère des Andes. Nicolas Vanier m'a invitée à passer quelques jours dans son lodge près de San Martin de los Andes, dans la région des Sept Lacs.

La terre ici est féconde, gorgée d'eau, la faune semble sortie tout droit d'un éden perdu : perroquets, condors, rapaces, ibis, vigognes, guanacos et pumas. Dans cette nature sauvage où le ciel nocturne est mille fois plus brillant qu'en Europe, j'éprouve comme un ébranlement, non pas causé par la surprise de la découverte, plutôt un choc de reconnaissance. Nicolas ne s'y est pas trompé ! Pour un aventurier, déposer ses valises en Patagonie n'a rien du hasard. Nous sommes peut-être parfois comme chien et chat, lui et moi, mais nous nous retrouvons sur l'essentiel. Il y a ici quelque chose de tellement puissant, un lien à la terre sauvage qui vous prend aux tripes et qui apaise profondément.

Nous partons pêcher à la mouche – cette pêche, la plus noble qui soit, exige de son pratiquant qu'il relâche ses prises sauf le poisson qu'il mangera. Tout le plaisir se résume à l'art de la traque, l'intuition de la truite et la perfection du geste. Pêcher à la mouche c'est lire la rivière et devenir poisson. Le temps s'arrête, comme suspendu, et l'eau me « parle ». Il n'y a plus de confusion, plus de questions existentielles, juste ma présence dans cette rivière, la sensation de l'eau autour de mes mollets, l'air pur qui me rentre dans la gorge, la rumeur du vent et la lumière qui m'enveloppe.

Je rentre regonflée à bloc. Au cours de nos soirées passées à discuter, l'évidence s'impose peu à peu : je rêvais d'ouvrir un refuge au Laos, mais c'est ici que je veux le faire. Avec Nicolas dans la boucle, tout serait simplifié puisqu'il est déjà implanté. J'imagine un concept sur le modèle des Rendez-vous en Terre animale, mais avec une approche plus radicale encore, qui proposerait d'aller à la découverte de la faune emblématique, un grand lodge pour financer un centre de réhabilitation et de soins destiné aux animaux blessés ou orphelins, un centre de sauvegarde et de réintroduction, le projet touristique alimentant une ambition plus globale de protection…

Je quitte Nicolas et la région des lacs pour rejoindre la steppe patagonienne à 1 300 kilomètres, dans l'estancia d'un ami qui possède six mille hectares pour huit cents têtes de bétail. Le biotope, très différent de celui que je viens de quitter, m'enchante tout autant. Là-bas, dans la pampa immense où se croisent les hardes de cerfs et les compagnies de sangliers, les familles de maras, les discrets chats sauvages et les insaisissables pumas, j'ai le sentiment d'une connexion profonde. Je suis à ma place, le nez au vent, parcourant douze heures par jour ces déserts herbus. Je respire plus large, je marche beaucoup quand je ne monte pas à cheval, je suis la trace de trois pumas – il me faudra attendre le crépuscule, cachée dans un mirador, pour apercevoir le mâle venu s'abreuver au point d'eau ! Je profite du brame – c'est la saison en Argentine – pour approcher un cerf en rut à quasiment trente mètres. Comme je progresse à bon vent avec des prudences de Sioux, seule une biche pressent le danger ; incapable de me voir, elle s'agite et m'invective, furieuse de cette approche sournoise ! Une, deux, trois minutes durant, tapie sur le sol, le souffle coupé devant le spectacle, j'observe sa hargne bruyante, son énergie brutale, étourdie de gratitude.

Quand je rentre le silence m'étreint, ultime cadeau de la nature sauvage.

Il me faudrait mille vies. Ou peut-être une seule, bourrée à craquer d'idées folles. Finalement, elle me ressemble bien, cette existence débridée.

Je me sens comme une funambule sur son fil, toujours poussée en avant, toujours en quête de rêves.

Conclusion

Selon une légende aborigène, les ancêtres ont pensé toute chose durant le temps du rêve et parmi ces choses, les esprits des hommes en devenir. Ils ont pensé le Serpent arc-en-ciel émergeant du centre du monde et brisant la croûte terrestre pour créer les montagnes et les vallées, la lumière et le soleil. Ils l'ont pensé déchaînant un grand déluge et faisant couler les mers et les lacs sur les déserts stériles, d'où germèrent les plantes et les animaux, wallabys, koalas, opossums, cacatoès et ornithorynques, et puis les insectes. Alors le Serpent arc-en-ciel s'est adressé aux hommes rêvés par les ancêtres et il a dit : « Voici votre pays, ne le quittez jamais car vous en êtes les gardiens ! Voici la terre, la mer, les animaux, les arbres. Respectez les cailloux, la plante et ses racines, respectez la goutte d'eau et le lézard, respectez le sable et le vent qui l'enroule jusqu'au ciel, et le soleil qui cuit et la pierre qui brûle. Respectez tout ce qui vit, tout ce qui porte, tout ce qui vole, tout ce qui danse, tout ce qui a été et tout ce qui sera la Vie. »

Ayant parlé, le Serpent arc-en-ciel s'est retiré au désert pour se lover sur lui-même, pétrifié en montagne rouge.

À présent, c'est à l'homme de veiller.

Table des matières

Animal(e)

Photocomposition PCA
Achevé d'imprimer en mai 2022
par l'imprimerie Bussière
18200 Saint-Amand-Montrond
pour le compte des éditions Calmann-Lévy
21, rue du Montparnasse 75006 Paris

PAPIER À BASE DE
FIBRES CERTIFIÉES

KERO s'engage pour
l'environnement en réduisant
l'empreinte carbone de ses livres.
Celle de cet exemplaire est de :
600 g éq. CO_2
Rendez-vous sur
www.kero-durable.fr

N° d'éditeur : 4044907/01
Dépôt légal : juin 2022
N° d'impression : 2065236
Imprimé en France